DE LAS LÁGRIMAS AL TRIUNFO!

CUANDO EL ALMA LLORA

— The Fearless Storytellers En Español —

Copyright © 2020 by The Fearless Storytellers Movement
Impreso en los Estados Unidos de América
ISBN- 978-0-578-63005-2 (paperback)

Derechos reservados. Ninguna parte de esta publicación puede reproducirse, almacenarse en un sistema de recuperación o transmitirse de ninguna forma o por ningún medio electrónico, mecánico, fotocopiado, grabado o de ningún otro modo, sin el permiso previo del editor. Se han cambiado algunos nombres y detalles de identificación para proteger la privacidad de las personas.

www.fearlessstorytellers.com

TABLA DE CONTENIDO

Agradecimientos v
Dedicación vii

Que Es The Fearless Storytellers Movement?
    Adrienne E. Bell, Fundadora 1
La Pesadilla Diaria
    Dra. María Santiago 7
No Todo es Como Parecse
    Selina Bauer 37
La Mañana Siguiente
    Wilma Rodríguez 63
Cuando El Amor No Es Correspondido
    Carmen Hernandez 85
Escapa Por Tu Vida!
    Teresa Cartagena-Guzman 101

No Estás Solo 119

AGRADECIMIENTOS

Un agradecimiento extremo al equipo de edición INCREÍBLE, Vernisha Parrish, Mel Shipman y Teresa Cartagena-Guzmán. Las historias se elevaron a la siguiente dimensión gracias a su atención al detalle y al corazón para ver a los Narradores retratados con dignidad, clase y gracia. Gracias por su compromiso con las almas de las mujeres en todas partes.

Gracias a Donald Bell, Jr. y al Dr. Traneisha Jones por su perspectiva extraordinaria y estimulante para avanzar en este proyecto y movimiento a niveles monumentales de éxito.

A los miembros fundadores de *The Fearless Storytellers Movement En Español*
Dra. Maria Santiago
Selina Bauer
Wiilma Rodriguez
Carmen Hernández
Teresa Cartagena-Guzman

... su trabajo de amor para desnudar sus almas ha sido contado en el cielo como un favor para Dios. Sus historias no son solo relatos de lo que le sucedió, sino una herramienta colectiva y valiente para energizar, alentar y empoderar el alma de cada mujer.

DEDICACIÓN

Este libro está dedicado a todas las millones de mujeres valientes que han superado la angustia, el abuso y otras situaciones traumáticas con el alma de una guerrera.

QUE ES THE FEARLESS STORYTELLERS MOVEMENT?

Durante generaciones, las mujeres han sido silenciadas y amenazadas con decir su verdad a costa de perder sus trabajos, hogares, matrimonios y, lo más importante, su dignidad. Mi corazón sangra por la cantidad de dolor que, como mujeres, hemos PERMITIDO por la causa del amor. Estoy tomando la iniciativa de quitar el bozal y capacitar a las mujeres para que digan su verdad con dignidad y gracia. El Movimiento de Fearless Storytellers fue creado para animar a mujeres valientes a contar sus historias y descubrir su propio valor.

Cuando compartí este movimiento en las redes sociales, no tenía idea de lo que me esperaba. Me comprometí a reunir a una tribu de mujeres que están reescribiendo la narrativa de qué y quién es realmente el amor, estoy muy entusiasmada con los miembros y fundadores del Movimiento de Fearless Story Tellers que completamente desnudaron sus almas. Aunque soy una autora, consultora de libros y una escritora fantasma de cientos de publicaciones, subestimé la resiliencia y el brillo de la especie femenina. No solo leí estas historias; ¡Experimenté estas historias y sé que tú también lo harás! ¡Como una tribu de mujeres en crecimiento y evolución, debemos comprometernos a aprender de los errores de las demás y ganar de la manera CORRECTA en nuestras relaciones románticas!

CUANDO EL ALMA LLORA es una invitación a profundizar en las almas de las mujeres que soportaron y superaron enormes cantidades de dolor, desilusión y traición. Tina Turner audazmente hizo la pregunta: "¿Qué tiene que ver el amor con esto?"... para algunos de nosotras, todo fue una pesadilla. Con los años, me he cansado de ver a innumerables hombres jugar innecesariamente con mujeres, hombres que han tomado la libertad de romper promesas, de abusar verbalmente, físico y financieramente y someter a personas que son significantes en sus vidas a indiscreciones sexuales. Las Audaces Narradoras sin miedo arrojan luz sobre estas acciones "ocultas a la vista" y eliminan el estigma que acompaña a las mujeres que dicen la verdad a su manera.

¡Señoras, todas se encontrarán en una montaña rusa! Este no es un tipo de libro "¡Ay de mí!", Sino más bien "¿En qué demonios me metí?" una guía de lo que no se debe hacer en las relaciones románticas. Estas historias que cambian la cultura son reales, crudas y fáciles de relacionar. Le prometo que se relacionará con al menos UNA de estas historias y, si no, alguien que usted conoce se relacionará.

QUE ES THE FEARLESS STORYTELLERS MOVEMENT?

Sea **ENERGIZADO, ALENTADO** y **APODERADO** mientras experimenta las desgarradoras historias de mujeres que superan valientemente circunstancias inimaginables. El bozal a sido removido ... ¡que comiencen las historias !

Adrienne E. Bell
The Fearless Storytellers Movement, Fundadora

"De alguna manera, sabía que lo que estaban haciendo estaba mal, pero al mismo tiempo no tenía poder para detenerlo."

-Dra. Maria Santiago

LA PESADILLA DIARIA

Por: Dra. María Santiago

Pasé un tiempo en mi vida sintiéndome inútil; sintiendo que no tenía valor. Me sentí utilizada por los hombres en mi vida. Era como si ellos me recogieran del estante, me usaran para sus necesidades y me devolvieran cuando la necesidad se cumpliera. Había estado luchando con la autoestima desde que era una niña. Sufrí abusos emocionales y sexuales a una edad temprana. Cuando era niña, nunca me sentí amada o apreciada. A partir de ahí, pasé por la vida creyendo que estaba bien que otros abusaran de mí. No sabía cómo detenerlo porque realmente pensaba que era una forma de vida.

    Mi madre también era una mujer maltratada. Debido al abuso que infligió mi padre, mi madre fue despojada de su individualidad y tenía baja autoestima. Tenía crisis nerviosas con frecuencia. Fueron momentos de miedo pues mi hermana y yo éramos muy jóvenes. No sabíamos lo que realmente estaba pasando. Todo lo que sabíamos era que cuando mamá no estaba bien, ella lloraba histéricamente, gritaría que se quería morir, se tiraría al suelo y se golpearía.

Ella correría a la cocina para agarrar todo lo que pudiera para lastimarse. Ahí estaba yo, una niña que luchaba con lo que sucedía con mi madre, muchas veces tratando de evitar que se suicidara. En ocasiones, sentí que solo lo estaba inventando porque quería llamar la atención. ¿Cómo puede ser tan débil? Debido a esos episodios, ella terminaría quedándose en un centro de salud mental durante al menos una semana. Durante su estancia, mi padre nos llevaría a mi hermana y a mí a la casa de sus padres, mis abuelos paternos. **Ahí fue donde comenzó mi pesadilla.**

¿No se supone que los abuelos te quieran y cuiden de ti? Esa no era mi historia. Cada vez que mi padre nos dejaba a mi hermana y a mí en la casa de mis abuelos, mi abuelo abusaba sexualmente de mí y luego, cuando mi tío regresó de la gira militar, él también comenzó a acosarme sexualmente.

Mi infancia fue despojada de mí. Nunca tuve el deseo de jugar con muñecas ni con ninguna de las cosas que se supone que deben hacer las niñas. **Era una pesadilla diaria.** Cada vez que mi madre comenzaba a mostrar signos de un colapso nervioso, recuerdo sentirme asustada no solo por lo que le estaba sucediendo a ella, sino porque sabía lo que me iba a pasar.

Como consecuencia del abuso, también comencé a mojar la cama y como castigo, mi abuela me golpeaba. Cuando me despertaba por la mañana y sentía que estaba mojada, sabía lo que venía; oh, cómo la odiaba. Ella ni me protegió de su esposo, ni de su hijo, sino que encima de eso también me estaba lastimando. No había nadie allí para protegerme de ellos, ni siquiera mi padre. Si le decía algo cuando venía a visitarnos, ellos dirían que yo estaba mintiendo, y él les creería. Mientras mamá pasaba por sus crisis psicóticas, yo vivía en mi propio infierno personal junto con ella. Los odiaba a TODOS, especialmente a mi abuelo. ¿Cómo puede alguien hacer lo que ellos estaban haciendo a su propia familia? Fui la primera nieta de la familia. ¿No debería haber sido un momento de alegría? Así me sentí cuando llegó mi primer nieto; desde el día en que mi hija me dijo que iba a tener un bebé, nuestra familia estaba tan feliz que ni siquiera podíamos explicarlo. Cuando finalmente llegó, estaba muy feliz y orgullosa de tener un nieto. Dios me había dado la oportunidad de cuidarlo y amarlo; lo vi como una oportunidad para compensar los errores que cometí con mis propios hijos.

Sentía que mis propios abuelos me odiaban. Más adelante en el curso la vida, descubrí que mi abuelo tenía cáncer y yo estaba muy feliz de que recibiera su castigo (eso era lo que pensaba en ese momento). Murió antes de que yo tuviera la oportunidad de confrontarlo o perdonarlo. En cierto sentido, me sentí engañada al no poder enfrentarlo y decirle a todos quién él era realmente. Me llevó mucho tiempo poder contarle a mi madre. Siempre me preocupaba su reacción; pensaba que, si le contaba lo que me había pasado, entonces, tendría un ataque de nervios y todos me culparan. Ya había sufrido lo suficiente y no quería ser parte de que ella se enfermara.

A temprana edad, aprendí a proteger a los demás, incluso aunque yo pagaré las consecuencias. Recuerdo las noches en que mi abuelo intentaba tocar a mi hermana y yo le rogaba que no lo hiciera. Yo dejaba que me tocara en su lugar. Me prometí a mí misma que no sería como mi madre cuando creciera. No podía entender cómo una persona podía ser tan débil; ¿cómo podía dejar que esto le pasara?

Cuando era niña, viví en Bridgeport, Connecticut hasta los once años cuando mi madre finalmente decidió divorciarse de mi padre. El abuso afectó su salud mental y emocional. En 1971, finalmente decidió que iba a abandonar el ambiente infernal en el que vivía. Se mudó a Puerto Rico donde vivía su familia. Pasarían siete años después de esa partida que volveríamos a saber de nuestro padre. Lloré muchas veces queriendo saber dónde estaba y preguntándome por qué olvidó que tenía dos hijas. ¿Hice algo mal que le hizo no amarme lo suficiente como para mantenerse en contacto conmigo?

Cuando vivíamos con él, no nos faltaba nada económico. Lo que necesitábamos o deseábamos, lo teníamos. Nos mostró amor, no recuerdo que me haya pegado nunca. Su relación con nosotros fue completamente diferente a la que tuvo con mi madre. Mi padre era el sostén de la familia y mi madre no trabajó hasta que decidió dejarlo. Ella necesitaba el dinero para pagar la mudanza. Decidió encontrar una niñera para cuidar de mi hermana y a mí, una pareja de ancianos que se veían muy buenos, así que mi madre confiaba en que nos cuidarían con mucho amor mientras ella iba a trabajar. Pero cuando comenzamos a ir a su casa después de la escuela, el señor de la casa comenzó a abusar de mí sexualmente. Al principio me sentí disgustada, pero no era nada nuevo en mi vida, así que dejé que sucediera. Empecé a pensar que esta era una forma de vida. De alguna manera, sabía que lo que estaban haciendo estaba mal, pero al mismo tiempo no tenía poder para detenerlo.

Una vez que llegamos a Puerto Rico, tuvimos que vivir con mi abuela hasta que mi madre pudiera encontrarnos una vivienda. Vivimos en los proyectos de Puerto Rico. Fue un asombro porque nunca vivimos en el "ghetto" y el proyecto tenía mala fama. No solo eso, mi madre estaba trabajando a tiempo completo, lo cual también era nuevo para nosotros.

Mientras estaba en el trabajo, mi hermana y yo tuvimos que quedarnos con mi abuela materna. Hubo muchos ajustes a nuestra nueva normalidad.

No nos faltaba nada en Puerto Rico. Sí, luchamos, pero mi madre se aseguró de que tuviéramos lo que necesitábamos, aunque careciera ella de algo. Era una persona diferente... una persona más fuerte, pero a mis ojos, ya era demasiado tarde. Pude verla trabajando duro para darnos lo que necesitábamos, pero de alguna manera, me había enfriado hacia ella. Mi abuela materna era diferente de mi abuela paterna; ella no era una persona mala pero lo que sí noté fue cuán fría era mi abuela materna. No hubo abrazos y besos en sus hijos o nietos. Ella no era una mujer amorosa, y en ese tiempo tampoco mi madre. Pude ver de dónde lo sacó. Después de vivir un tiempo en Puerto Rico, mi madre se sintió sola. Ella quería que alguien la amara. En una búsqueda para encontrar el amor, ella empezó a salir con distintos hombres. La mayoría de las veces se había encontrado con hombres que eran como mi padre. La abusaban y después se marchaban. Mi hermana y yo veíamos la vida que mi madre estaba viviendo y esto definitivamente tuvo algunos efectos negativos en nosotras. A nuestra temprana edad no entendíamos que ella solo quería ser amada. Además, yo tenía mi propio dolor para equilibrar. Empecé a salir con muchachos y a ser promiscua. Los muchachos con los que salí querían tocarme y yo los dejaba. Para mí, estaba bien porque era familiar y normal.

Creo que mi madre sabía que yo era promiscua y esa pudo haber sido la razón por la que ella y yo peleamos mucho cuando era adolescente. Ella quería protegerme, pero yo no la dejaba. Había perdido el respeto por mi madre a una edad temprana por lo que ella había permitido en su vida por muchos años. Quería ser más fuerte que ella. Todavía amenazaba con suicidarse muy a menudo y se ponía histérica por cada pequeña cosa que sucedía. Eso no era algo nuevo. Cuando todavía estaba casada con mi padre, hizo varios intentos de cortarse la muñecas o tomar pastillas. Pero eso era ya tan repetitivo y ya no me conmovía que ella nos amenazara con suicidarse. De hecho, estaba cansada de eso. Sentía que anunciaba que venía el "lobo".

Cuando tenía trece años, conocí a un hombre que era unos años mayor que yo y me interesé en él. Me hizo sentir amada y hermosa. Estaba tan privada de amor que para cuando él apareció, con tan solo darme pedazos de su amor era aceptable. No tenía ningún estándar contra el cual sostenerlo. Literalmente no sabía nada mejor. Mi padre golpeó a mi madre y ella se quedó con él y lo amaba de todos modos. Ese era el tipo de casa en la que crecí. No hace falta decir que terminé con un hombre que se alineó con todos los demás. Pensé que era el amor de mi vida y estaríamos juntos para siempre, así que el día 5 de Junio del 1976 un día antes de mi decimosexto cumpleaños, me casé con él.

Mi madre firmó un documento legal dándome permiso para hacerlo. Honestamente, mi madre firmó los documentos forzadamente. Si ella no los firmaba, iba a escapar con él y hacerlo de todos modos. En esos días, si huías con tu novio, avergonzabas a la familia, por lo que no tenía más remedio que firmar los documentos. Era rebelde en ese momento y estaba muy decidida a salir de esa casa. Fue demasiado para mí. Tenía un plan: casarme con el hombre con el que estaba saliendo y divorciarme de él un año después si las cosas no funcionaban. Siendo una mujer divorciada, nadie podría decirme qué hacer. Mi esposo (en ese momento) tenía veintiún años y él era mi mundo. De nuevo, pensé que estaba enamorado. Para mí, sentir un poco de emoción opuesta a lo que había conocido toda mi vida era un soplo de aire fresco muy necesario.

Él vino de una buena familia. Eran personas amorosas, y anhelaba tener una familia como la suya. A decir verdad, me encantó el amor y la calidez que me brindó su familia.

Estuve casada con él durante diecisiete años. Él fue verbalmente abusivo y lo permití hasta el punto que al comienzo de nuestro matrimonio tenía que tener permiso para hablar. Tenía que darme el 'ok' para unirme a una conversación. Si intentaba entablar una conversación, me detendría diciendo: "No se te dijo que hablases". La mayoría de la gente se detendría ante mi reacción, pero opté por callarme. La primera vez que me dijo que me callara, me sentí humillada. Comencé a comprender que no tenía valor y sentí que solo era una sombra en medio de todos. Ya estábamos casados por casi un año en este momento. Me resistí porque estaba enamorada del entorno en el que estábamos.

Después de casarnos, nos mudamos con sus padres, que eran personas muy amorosas. Nunca tuve eso al crecer.

Mi suegra me trató como si fuera su hija hasta el día de su fallecimiento. Nadie podía hablar mal de mí en su presencia. Sin embargo, ella no tenía educación, era muy tradicional y anticuada. En su tiempo de crianza, la mujer era muy doméstica. Ella cocinaba y limpiaba y desempeñaba el papel de una "buena esposa". Ella vino del tipo de enseñanza de que un hombre era el que mandaba en la casa y que él salía a trabajar para mantener a la familia y la mujer se quedaría en el hogar haciendo todos los quehaceres. Nunca vi ningún maltrato de su esposo hacia ella, él era un hombre amoroso.

Al principio, mi esposo era dulce, pero también hubo un caso leve de abuso verbal entre él y yo. No le presté atención porque estaba acostumbrada a eso. Me llamaba tonta o gorda y, en ese momento, eso era normal para mí. Recuerdo cuánto luché en la escuela y cómo otros me dijeron que no era inteligente en absoluto, así que pensé, tienen razón. Cuando me conoció tenía un cuerpo hermoso y ahora había ganado tanto peso que tenía razón al llamarme gorda. Lo acepté pero mi corazón se hacía cada vez más duro.

Al comienzo de nuestro matrimonio, mi esposo vendía drogas. Esto fue muy común en la década de 1970; la policía se estaba acercando para atraparlo, así que de alguna manera, sus hermanos mayores lo descubrieron y lo convencieron de que necesitaba alejarse de todo y crear un estilo de vida más estable y legítimo. Aproximadamente un año después de nuestro matrimonio, se unió al ejército de los Estados Unidos. Mientras estaba en Entrenamiento Básico, el no quería que me quedara con mi madre, su excusa era que mi madre era joven y tenía una hermana adolescente así que vendrían hombres a visitar constantemente. Así que me quede viviendo con sus padres mientras él estaba en el Entrenamiento Básico.

Solo permitía que yo visitara a mi madre y a mi hermana una vez por semana. Tuve que depender de sus hermanos para que me llevaran a ver a mi madre porque no conducía. Mi sueño siempre fue obtener mi licencia de conducir cuando tenía la edad para hacerlo.

Ninguna mujer en mi familia sabía conducir, mucho menos tener una licencia. Pero yo no quería ser como ellas, dependiendo totalmente de mi esposo. Mi plan era aprender a conducir y obtener una licencia. Para mi sorpresa, cuando regresó del Entrenamiento Básico y descubrió que había obtenido mi permiso de conducir, me prohibió conducir. Tendría que depender de otros para dirigir mi vida. Él tenía todo este poder sobre mí; una vez más sentí que no tenía control sobre mi vida, que alguien siempre había tenido control sobre mí. Era como si volviera a ser esa pequeña niña sobre la que los demás tenían todo el control y no había nada que ella pudiera hacer.

Me sentí impotente; estar casada no era lo que pensé que sería. Una vez más, un hombre me iba a decir qué hacer y tomar decisiones por mí. Nunca me dijo por qué no quería que tuviera una licencia. Más tarde, descubrí que fue su hermano quien lo convenció de no permitirme tener una licencia debido a un concepto ridículo de machismo. Estaba tan enojada, que no solo mi esposo tenía control sobre mí, sino que su hermano también controlaba nuestras vidas.

Tengo que admitir que no era una buena "oyente" al comienzo de nuestro matrimonio. Estaba decidida a hacer las cosas a mi manera. Al lado de sus padres vivía una joven dispuesta a enseñarme a conducir. Sentí que tenía algo de poder; él no iba a saber que estaba aprendiendo a conducir ya que estaba lejos y como la joven iba a la iglesia de mi suegra, ella confió en mí para salir con ella y nunca supo que me estaba enseñando a conducir. Aunque sabía que mi esposo estaba muy lejos, todavía tenía miedo de que se enterara; supongo que mi miedo era que me iba a dejar por ir en contra de sus deseos.

Mi suegra era mayor y tuvo a mi ex esposo cuando tenía unos cuarenta años. Su madre me amaba, pero ella no iría en contra de él por mí. Los padres de mi ex esposo eran cristianos, pentecostales, así que para ellos todo era pecado. Pero no era algo con lo que no pudiera lidiar. Los amaba y pensaba que lo amaba a él.

Después de completar el Entrenamiento Básico, recibió órdenes militares para ser estacionado en Corea. Sí, estaba con su familia, pero en cierto sentido me sentía sola.

Quería alejarme y desarrollar ese sentido de familia

con él. Quería comenzar nuestra propia familia. Recuerdo haberle preguntado antes de irse a Corea que tuviéramos un bebé, así no estaría tan sola mientras él se fuera. Su respuesta dolió mucho: me dijo que NO porque todavía no "merecía" un bebé de él.

Básicamente, dijo que tenía que ganarme el derecho a la maternidad. Una vez más, me recordó con esas palabras que no tenía valor, que tenía que ganarme el camino hacia su amor y poder ser madre. Lloré porque quería mucho un bebé; pensé que un bebé me amaría incondicionalmente. Cuatro años después de casarnos, aceptó tener un bebé; un año después, tuvimos a nuestra hija.

Cuando regresó a casa desde Corea, estaba emocionada y lista para lo que la vida tendría para nosotros. Sería un nuevo comienzo, pensé ahora sí sería feliz. Pero al verme una de las primeras cosas que señaló fue mi aumento de peso. Dijo que parecía una cerda y, aunque dolía, lo sacudí. Después de todo, tenía razón: pensé que no debería haber aumentado de peso. Se casó con una mujer que tenía un gran cuerpo y me equivoqué al ganar ese peso. Una vez más, sentí que tenía que complacerlo y era mi culpa. Estaba feliz de que volviera a casa porque eso significaba que podríamos comenzar una nueva vida lejos de todos, y tal vez podría tener la familia que nunca tuve.

Muy pronto esa felicidad se iría, uno de sus primos vivía en otra ciudad a como una hora de distancia y él y su esposa fueron a visitarlo. El primo de mi esposo había comprado un bar en otra ciudad y mi esposo quería ir a verlo, así que decidió que pasaríamos el fin de semana con su primo. Empacamos nuestras cosas y nos fuimos. Las mujeres estaban en un auto y los hombres en otro. Mientras viajaba en el automóvil con la esposa de su primo, ella me preguntó: "¿Viste las fotos que tu esposo trajo con él?" Cuando me dijo eso, mi corazón latía con fuerza; no tenía idea de que traía alguna foto. Ella me explicó que en el maletín que mi esposo tenía, había un bolsillo secreto donde estaban las fotos. Su esposo le había dado todos los detalles. Cuando llegamos, ya era de noche y los chicos fueron directamente al bar. Me fui a la casa donde nos quedaríamos que estaba al lado del bar; podíamos escuchar todo lo que estaba sucediendo en el bar que era al lado.

Me sentí muy humillada porque había prostitutas en ese bar y sabía que mi esposo estaba allí con ellas. Éramos prácticamente recién casados, ¿por qué no decidió quedarse en casa conmigo? Después de nuestro viaje de fin de semana con los primos, regresamos a casa y reuní la valentía para buscar esas fotos en el maletín. Cuando las encontré, me sorprendió. ¡No podía creer lo que estaba viendo! ¡Creí morir en ese momento!

Las imágenes lo muestran realizando actos sexuales con otras mujeres en Corea. Aparentemente, estaba mostrando las fotos a sus primos como trofeos, y así fue como su esposa se enteró. El conocimiento de lo que realmente estaba haciendo en Corea y la visión de las fotos fue suficiente para quebrarme. Había esperado un año y medio con muchas ilusiones la llegada de mi esposo queriendo que mi esposo volviera a casa; mientras tanto, él estaba ocupado con otras mujeres. Estaba tan humillada, no solo por lo que vi en las fotos, sino que él se las mostró a sus primos. Me preguntaba cómo podía hacerme esto; ¿Lo esperé todo este tiempo e intenté obedecerlo en todo lo que me dijo que hiciera, y este es el pago que recibo?

Pensé en tirar las fotos, pero no me atreví hacerlo porque tenía miedo de lo que él podría hacer cuando el se enterara que las boté. Aunque estaba devastada, mi miedo a perderlo era mayor que la vergüenza que sentía. Tenía miedo y nuevamente tuve que reunir el coraje para enfrentarlo. Cuando lo enfrenté al respecto, pensó que era una broma. Entonces, se molestó porque ¿quién soy yo para revisar sus cosas? Me dijo que sería mejor que volviera a colocar las fotos donde las había encontrado, pero no lo hice. De hecho, le mostré a su madre las fotos y ella fue quien las tiró. Una vez que descubrió que ella vio las fotos y las tiró se molestó, pero por respeto a su madre, no hizo nada al respecto.

Después de ese incidente, comenzó a mostrarme quién era realmente. Mirando hacia atrás, pude ver sus formas abusivas y cuándo comenzaron. En ese momento, estaba ciega; quería amar la idea de ser amada, especialmente por su familia. Tenía una actitud arrogante hacia mí como si pensara que era mejor que yo porque yo venía de los proyectos. Lento pero seguro, me endurecí hacia él.

Después de su gira en Corea, recibió órdenes de ir al estado de Washington. Habíamos estado casados durante dos años y medio en ese momento, y solo éramos nosotros dos. Pensé que, ya que vamos a estar lejos de todos, tal vez las cosas cambiarán. No había nadie alrededor para mantenerlo en línea o infiltrarse en la relación. Las cosas mejoraron y empeoraron debido a ese hecho. Mejoraron pues sentía que me trataba más amoroso ya que éramos solo nosotros, pero empeoraron pues no tenía temor, ya que no había nadie que lo corrigiera. Pensé que, porque nos mudamos y no había nadie alrededor para decirnos qué hacer, teníamos un matrimonio real.

Todavía era verbalmente abusivo y muy inflexible acerca de no tener hijos conmigo. Todavía sentía que no lo merecía. Finalmente, me dejó comenzar a conducir porque había conseguido un trabajo. Pero solo se me permitía conducir al trabajo y al supermercado. Ni más ni menos. Todo parecía estar bien hasta que un día llegué a casa de compras y él estaba afuera con su amigo bebiendo y fumando droga. Mientras cargaba los comestibles en la casa, él me preguntó: "¿Qué compraste?" En tono de broma le dije: "Comestibles". ¡Smackkk! Me abofeteó en la cara frente a su amigo. Incluso su amigo se quedó allí por un segundo sorprendido. Su amigo retrocedió y se alejó. Comencé a llorar y él me dijo con firmeza: "¡No me respondas así!" Una vez más, me humilló.

En ese momento, me di cuenta de que era capaz de más que abuso verbal. No pensé que mi respuesta justificara una bofetada en la cara, pero lo tomé. ¿Sería una mujer como mi madre? Pensé para mí misma después de que esa conmoción había pasado. Más tarde se disculpó, como siempre hacía cuando decía o me decía algo ofensivo. También le hechó la culpa de su comportamiento al consumo de alcohol. Entonces, ¿fue realmente una disculpa?

Mi esposo también era extremista. Llevó todo un poco demasiado lejos. Nunca podía beber socialmente, tenía que emborracharse por completo. No podía simplemente fumar un cigarrillo de marihuana, tenía que exagerar. Todos los que lo rodeaban siempre fumaban marihuana, excepto yo, siempre me sentí muy incómoda. Eran los años setenta, todos lo hacían en nuestro grupo de amigos excepto yo. Estar en una reunión con todos ellos era otro momento en el cual me sentía completamente sola. Estaba empezando a odiar mi vida, pero debido a mis inseguridades, pensé que no podía estar sola. A decir verdad, no quería perder a su familia porque eran las únicas personas que me mostraban amor.

Debido a su origen pentecostal, mi esposo fue maltratado mucho y se volvió bastante rebelde. Esa parecía ser una razón por la que era abusivo, controlador y llevaba todo al siguiente nivel.

Incluso, en medio de todo el caos, yo todavía quería tener un bebé. Fui persistente en preguntarle si podía dejar de tomar mis píldoras anticonceptivas. Después de cuatro años de matrimonio, finalmente dijo que sí y aproximadamente un año después, ¡quedé embarazada! Después del descubrimiento de mi embarazo, decidió que ya no quería estar en el ejército. Cuando llegó el momento, optó por no volver a enlistar. Salimos del estado de Washington y regresamos a Puerto Rico.

Todo estuvo bien al principio de nuestra llegada a Puerto Rico, pero las tonterías no tardaron mucho en comenzar. Su hermano venía a menudo, metiéndose en nuestras vidas. Una vez más volveríamos a esa vida donde otros controlarían nuestras vidas. El 10 de enero de 1981, mi hermosa hija decidió venir a este mundo. Y estaba tan alegre de esa llegada, era un momento de celebración, pero en cuanto a mi esposo, fue para mí otro momento de decepción, donde me puso en segundo lugar después de todos los demás, la noche en que nació nuestra hija me llevó al hospital a las dos de la mañana y me dejó allí. Fue a la casa de sus padres y mi madre y mi hermana vinieron a estar conmigo. Estuve de parto durante dieciocho horas. Cuando finalmente nació la niña, él no estaba presente. Nadie podía encontrarlo. Finalmente apareció tarde esa noche. La bebé ya había nacido y después de sostener a mi primogénita en mis brazos, era una mujer diferente.

Realmente pensé que ahora que teníamos una hija todo cambiaría. El abuso se produjo en diferentes formas. A veces, el abuso fue físico; otras veces, era emocional y/o mental. Me amenazaba a menudo. Si hacia algo que no le gustaba o que lo cuestionara, rápidamente me amenazaba con dejarme. Lloraba y le rogaba que no se fuera, a pesar de que era miserable con él. Una vez que supo presionar mi botón emocionalmente, mantuvo su mano sobre ese botón como un conductor loco con furia en la carretera.

Una vez que nació la bebé, lo convencí para que nos quedáramos con mi madre. Era una madre nueva y necesitaba su ayuda. Él aceptó, pero vivir con mi madre no detuvo el abuso. La primera discusión que tuvimos mientras vivíamos con mi madre me amenazó con irse una vez más. Esta vez, tuve fuerzas de decirle que no me importaba si se iba, vivíamos con mi familia y si se quería ir lo podría hacer. ¡Él estaba sorprendido! ¡También yo me sorprendí! Ahora las cosas habían cambiado, tenía a mi hija para amarme incondicionalmente. El creciente amor entre mi hija y yo me dio el coraje de hacerle frente. Me hizo sentir que no necesitaba su amor tanto como pensaba que lo necesitaba. En el futuro, nunca amenazó con dejarme de nuevo.

Un tiempo después mi tío compró una casa en Puerto Rico y nos dijo que podíamos vivir en ella porque él estaba en Connecticut. Vivimos en Puerto Rico por un año. Nuestras finanzas cayeron en picada y mi marido tuvo que volver a unirse al ejército. En ese momento, mi hija tenía casi dos años. Esta vez lo estacionaron en El Paso, Texas. Le llevó unos cinco meses enviarnos a buscar a la bebé y a mí. Una vez que llegué, mirando a través de los cajones de la casa, encontré una foto de una mujer que escribió una nota en el reverso dedicada a mi esposo. Cuando lo enfrenté por sus hallazgos, admitió haber tenido una aventura con esta mujer. Le pregunté qué quería hacer. Dijo que no quería estar con la otra mujer. Dije "está bien" y lo dejé así. Al otro día al encontrarme sola en la casa, lloré pues no podía creer que él me haría esto otra vez. Pero lo sacudí pues en realidad, esto no fue nada grande para mí. Después de todo, vi cómo mi madre vivía con mi padre siendo infiel y ella siempre lo perdonaba. Ella siempre me dijo que si tu esposo era un buen proveedor, puedes perdonarlo por estar con otras mujeres; él era un hombre y eso era normal.

Continuó con su antiguo estilo de vida: bebía mucho,

fumaba y me maltrataba de nuevo. Fue el mismo ciclo de abuso verbal que me llamó gorda, estúpida y tantos otros nombres horribles. Después de estar estacionado en El Paso, recibió órdenes de ir a Alemania. Se fue a Alemania y mi hija y yo nos mudamos a Puerto Rico. Le tomó nueve meses enviar por nosotras. Cuando llegamos a Alemania, vi que no había cambiado mucho. Todavía bebía, pero dejó de consumir drogas porque tenía miedo de que los militares lo atraparan, y habían comenzado a revisar a los soldados en busca de drogas. Todavía era verbalmente abusivo y a menudo decía cosas como "¡No me casé con una mujer gorda!". Estaba acostumbrado a mi forma adolescente. Me hacía sentir que mi cuerpo era todo lo que tenía para ofrecer.

Justifique sus hábitos de engaño debido a mi aumento de peso. Cuando regresó de Corea, había aumentado de peso. Luego, tuve a mi bebé, así que, por supuesto, subí de peso. Traté de bajar de peso pero fue difícil. No me gustó que me engañara, pero mi autoestima en ese momento era tan baja que me había convencido que él merecía algo mejor que yo. No estaba de acuerdo con su infidelidad pero; simplemente no desafié su comportamiento. Le decía que no volviera a hacerlo eso fue todo. Nunca sentí que era lo suficientemente digna como para exigirle más.

Un día, mi hija encontró una foto y me preguntó quién era la bella dama en la foto. La miré y noté que era yo. Estaba mucho más delgada y fue en ese momento que decidí tomarme en serio la pérdida de peso. Comencé clases de aeróbicos y asistí a sesiones grupales. Estaba perdiendo peso y él se estaba poniendo celoso. Me di cuenta de que necesitaba perder peso por mi propio bien. Pero el en lugar de ser feliz, comenzó a ponerse celoso; era un círculo vicioso. No importa lo que hacía, nunca podría complacerlo.

Mientras vivíamos en Alemania, trabajé como supervisora en una tienda de conveniencia y conocí a algunos jóvenes hispanos con quienes me conecté. Ya era cerca de las festividades navideñas, cuando llegué a la casa que le dije a mi esposo que quería invitarlos a ellos y a sus novias a una comida casera. Después de todo, era Navidad y las personas se sienten solas cuando están lejos de su familia. Él aprobó y yo configuré todo. Tenía muchas ganas de pasar un buen rato y esperaba con ansias la compañía. Cuando llegó nuestra compañía, los hombres estaban en una habitación y las damas se quedaron en otra. Por supuesto, mi beligerante esposo no pudo evitarlo y comenzó a beber en exceso. Estaba tan borracho que apenas podía caminar. De repente se levantó del lugar donde estaba con los chicos Se dirigió hacia nuestra habitación. El simple hecho de caminar causó más conmoción de la que quería. Noté que se tardó bastante en regresar así que fui a ver qué sucedía, estaba tirado en el piso de nuestra habitación. Le dije que se levantara y se acostó en la cama. Salí y volví a entretener a nuestra visita.

¡Aproximadamente treinta minutos después, salió de la habitación furioso y golpeando cosas! Nuestra compañía decidió que era hora de irse. Me preguntaron si estaría bien y les dije que si. Ellos tenían temor de que él me golpeara, y les aseguré que no sería físicamente abusivo conmigo. Una vez que se fueron, él comenzó una discusión. Continuó diciendo que estaba teniendo relaciones con los dos hombres hispanos y lo avergoncé. Su nivel de furia estaba aumentando, así que acosté a mi hija y fui a la guerra con él. En medio de la discusión, me golpeó en la cara con tanta fuerza que me aturdió por unos segundos. Cuando llegué en sí, ¡me estaba desafiando a una pelea real como un hombre! No lo podía creer. Agarré sus partes masculinas y las apreté hasta que cayó. Después de eso, me fui a dormir a la habitación de mi hija porque sabía que él no haría nada malo delante de ella.

Al día siguiente fui a trabajar y lloré como una bebé. Me preguntaba cómo me podría estar pasando esto, y si podía dejar que mi hija viviera este tipo de vida, incluso tenía mucho cuidado de asegurarme de que no supiera lo que estaba pasando. Quería dejarlo y lo hice, pero solo por esa noche. Estábamos en Alemania; ¿A dónde iba a ir realmente? Además, sabía que me encontraría de todos modos, así que volví a casa y allí estaba él con una cara triste y empezó disculpándose y pidiendo otra oportunidad. En esta ocasión para mi era demasiado para superar el trauma. Pero, él me convenció para quedarme con él una vez más. Además de eso, no quería que mi hija creciera sin un padre. Había crecido sin el mío y sentí el vacío en esa área. Poco tiempo después, recibió órdenes de ir a Watertown, Nueva York. El dolor de lo que había pasado la noche que me pegó y me desafió a pelear era tanto que le dije que no iría con él a Nueva York. Le dije que me iba a volver a Puerto Rico.

Por primera vez, le conté a mi madre lo que pasó, pero ella me convenció de quedarme con él porque era un buen proveedor. El también convenció a mi madre de que lamentaba mucho lo que había hecho. Seis meses después de su partida partimos hacia Nueva York a vivir nuevamente con él. En Nueva York intentó controlar su abuso verbal y su consumo de alcohol. Eso solo funcionó durante un año y volvió a sus viejas costumbres. Le dije que necesitábamos consejería. Teníamos once años de casados y las cosas habían empeorado progresivamente. Se mostró desinteresado ante la idea de la consejería, diciendo que no la necesitaba porque yo era la que tenía el problema. Usó mi abuso sexual contra mí, diciendo que esa era la razón por la que tenía tantos problemas. Le dije: "está bien". Probablemente tenía razón, debido al abuso que recibí cuando era más joven, no pensé que pudiera hacerlo mejor. Pensé que no podría estar sola porque no tenía educación y solo había terminado la escuela superior y no creía que fuera lo suficientemente inteligente como para ir a la universidad. Me estaba muriendo lentamente sin darme cuenta. Fue una pesadilla diaria.

Seguí la vida entendiendo que ese era mi destino, ya tenía a mi hija que era una de las cosas que tanto había deseado pero algo estaba sucediendo en la relación entre mi hija y yo. Noté que no estaba siendo tan amorosa como debería ser con mi bebé cuando estaba creciendo. No tenía el instinto maternal natural de solo abrazarla o sentarla en mi regazo y jugar con su cabello. No me di cuenta de que era igual que mi abuela y mi madre. No era expresiva con mi amor por ella. A medida que pasaron los años, se nos hacía difícil a mi hija y yo mostrarnos amor. Eso la convirtió en la niña de papá.

    Su padre provenía de una familia abierta sobre el amor. Se lo mostraron el uno al otro para así que su padre era bastante expresivo en esa área con ella. A él no le costaba darle lo que ella necesitaba emocionalmente. No me molestó porque sabía que la amaba. Estaba operando en mi propio lenguaje de amor con ella. Le compraba lo que quisiera. No pensé que ella necesitara mi amor de la misma manera que él le dio el suyo. La protegí de la verdad sobre su padre. Cuando se emborrachaba o se drogaba, era muy desagradable. Su bebida me impactó más, pero lo cubriría. Mantenerla en la oscuridad sobre la verdad la llevó a creer que tenía una familia perfecta y que su papá era perfecto.

    No estaba llegando a ningún lado con mi esposo, así que concentré toda mi energía en mi trabajo. Cuando llegué a Nueva York, recibí un puesto de supervisora temporal en otra tienda de conveniencia en la base. Me sentí valiosa en el trabajo. Pero, había detectado un problema desconocido. Mi trabajo me estaba manteniendo alejada de mi marido… y de mi hija. Tenía todo lo que quería. Ella simplemente no me tenía. No tenía mi amor ni mi atención y con el tiempo, su amor se enfrió hacia mí. Venía de la escuela, me saludaba y se iba a su habitación. Pero cuando su padre regresaba a casa, ella mostraba su alegría por el estar en casa. Estaba bien para mí porque de nuevo, así es como me criaron.

    Nadie sabía del horrible matrimonio y la vida que estaba viviendo. Lo guardé todo para mí. Mi madre no era el tipo de madre que podía sentarse junto a mi y tener una conversación honesta sobre lo que estaba pasando. La única vez que le dije que había un problema, me convenció de quedarme en la situación. Ella todavía luchaba con la depresión y la noticia de esa magnitud la habría enviado a un frenesí. Mi hermana era más joven que yo y no estábamos tan cerca porque me fui de casa tan temprano. No tenía a nadie con quien hablar, así que sufrí en silencio.

Caminé con cáscaras de huevo en casa. Yo era tímida y le tenía miedo a mi marido. Pero en el trabajo, era una mujer fuerte. Era como si tuviera una personalidad dividida. Podía ser asertiva con todos menos con él. Algo estaba cambiando en mí. Me di cuenta de que estaba emocionalmente divorciada. Era como si estuviera viviendo con un compañero de cuarto con quien tuve sexo de vez en cuando. En algún lugar de mi mente, pensé que no podía hacer nada sin él, así que me quedé. De vez en cuando, salíamos a bailar y a divertirnos, pero siempre terminaba en una pelea.

Recuerdo que una noche fuimos a un club. Bailamos y nos divertimos. El quería seguir bailando, pero yo estaba cansada. ¡Decidió bailar con otra persona y yo estaba furiosa! En ese momento, yo tenía cerca de treinta años y era más independiente que nunca. Fui lo suficientemente fuerte para enfrentarlo cuando volvió a nuestra mesa, le regañé por eso. Pensé que cuando viera lo molesta que estaba, consideraría lo que hacía y se detendría. En mi mente, pensé que le importaba lo suficiente, pero entonces, algunos de sus compañeros de trabajo entraron ofreciéndose a comprarle un trago. Se fue con ellos, dejándome sola en la mesa. Fue una experiencia horrible - aquí estoy sola en una mesa en un club lleno de hombres. Me pedían que bailara a diestras, pero seguí rechazándolos y finalmente estaba tan molesta que me levanté del lugar donde estaba para decirle a mi marido en español: "¡Quiero irme!" No quería que sus amigos se dieran cuenta de lo molesta que estaba y no quería humillarlo enfrente de ellos. Así que le hablé en nuestro idioma natal así no sabrían lo que estaba diciendo y no se sentiría avergonzado. Estaba enojada y él se sonrió como si nada estuviera sucediendo, me dijo que volviera a la mesa que ya pronto estaría de vuelta. ¡Una vez más le obedecí, que tonta era! A él no le importaba humillarme delante de todos, pero yo estaba siendo tan considerada con él de no humillarlo delante de sus amigos. Así que hice lo que me dijo. Estuve esperando un largo tiempo y empecé a ponerme furiosa. Me levanté de nuevo y caminé hacia él hablando en inglés para que todos supieran lo que estaba diciendo. "¡Sal de ese asiento y vámonos!" Me mira y empieza a reírse. Le agarré las llaves y le dije: "¡Te vienes conmigo!" Estaré allí en un minuto fue su respuesta burlándose de mí. Caminé hacia el auto y lo esperé; estaba tan furiosa que cuando vino al auto, empecé a gritarle y le di un puñetazo al cristal. Nunca sentí tanta ira. Me sentí tan humillada, pero a él no le importaba cómo me sentía. Cuando llegamos a casa me senté allí pensando, no puedo quedarme en este matrimonio. Ya estábamos emocionalmente divorciados y apenas teníamos sexo.

Pasó un año y todavía dormíamos en la misma cama, pero el matrimonio estaba completamente muerto. Le dije que no lo amaba, que quería el divorcio y que quería mudarme. Pensó que yo lo que quería quizás era vivir esa juventud que nunca pude tener por casarme tan joven que se trataba de salir de fiesta. Él ni siquiera había pensado que su forma de tratarme a través de los años había matado mi amor por él. Mi plan de salida no se trataba de eso en absoluto. ¡Quería salir! Estaba cansada de esta vida ya había estado casada dieciséis años y medio. Toda mi vida adolescente y adulta había estado con él, y había perdido gran parte de mi autoestima estando con él.

Finalmente fui valiente y lo suficientemente fuerte como para mudarme. Mi vida cambió por completo. No voy a mentir, fue un momento triste. Le había dado a esta relación toda mi vida adulta adolescente y joven. No fue una decisión fácil a pesar de que debería haber ocurrido hace mucho tiempo. Una cosa con la que no contaba era que mi hija me culpará por romper a nuestra familia. Recuerda, su papá era perfecto ante sus ojos. Tenía once años y yo le había hecho esto. No teníamos una relación cercana y esto nos habría separados aún más que nunca. Dos meses después de divorciarme de mi marido, empecé a salir y quedé embarazada. Recuerda, sólo porque era una adulta ahora, mi promiscuidad no iba a cambiar. Yo no había sanado de lo que había pasado en mi infancia y Dios no era parte de mi vida en ese momento.

En ese momento, pensé que iba a morir. Acababa de salir de un matrimonio insalubre y no estaba lista para casarme de nuevo. ¿Dios me estaba castigando por ser promiscua? Pero la única forma en que sabía que alguien me amaría era teniendo sexo. En medio de este lío, pude ver la mano de Dios. El hombre con el que salía era un buen hombre. Dios me bendijo con un hombre que me amaría como una mujer merece ser amada. Todavía no era cristiana, pero sabía de Dios por mi suegra pentecostal. Nos casamos y nos mudamos a Texas, donde recibí al Señor como mi salvador en 1996. Yo tenía 36 años en ese momento, pero en realidad, aquí es cuando mi vida realmente comenzó. Aprendí sobre el perdón y como sanar de todo el abuso que tuve a lo largo de mi vida. Aprendí acerca de Su amor y lo que podía hacer por mí. Estaría mintiendo si dijera que todo es perfecto pero día a día, me mostró dónde necesitaba cambiar. Mi relación con mi hija también comenzó a cambiar. Dios intervino de una manera tan grandiosa que pude pedirle perdón a mi hija por la falta de demostración de amor hacia ella y hoy somos bien unidas.

Debido al trauma que me pasó, siempre pensé que no era lo suficientemente inteligente, pero el Señor me mostró lo contrario. Mientras trabajaba, vi cómo estaba creciendo en la empresa para la que trabajaba. Me entrenaron en varios puestos directivos y tuve éxito en mi trabajo. Me di cuenta de que podía hacer más de lo que pensaba. Si podía dirigir un gran departamento y eventualmente trabajar en el departamento de contabilidad entonces tal vez no era tan tonta como me sentía.

Así que, a medida que crecía en la Palabra de Dios me di cuenta de lo importante que Él era para mi, mi perspectiva comenzó a cambiar. ¡Tal vez **podría** hacer más! Quería estudiar más de la Palabra de Dios y quería ayudar a los demás a sanar y mostrarles que con Dios, todo es posible. Lo hice por fe ya que no era demasiado buena en la escuela. Pero regresé a la escuela porque quería aprender acerca de este Dios que todos dijeron que me amaba incondicionalmente.

Puede obtener un Bachillerato/licenciatura en teología. Me sentí completa. Cuando el decano de la universidad me preguntó si estaba interesada en obtener mi maestría, me asusté y dije que no al principio. Me preguntó por qué; sabía que tenía potencial, pero fui muy sincera con él y le dije que no creía que pudiera hacerlo. Sus palabras me hicieron darme cuenta de que era Dios quien lo había hecho por mí en el pasado. Dijo: "María, has demostrado que puedes; cree en ti misma y Dios hará el resto."

Acepté continuar mis estudios y hoy tengo un doctorado en teología; ¡no por mi poder, sino por el suyo! Miro mi diploma y sé que Dios hizo esto. Pero una cosa que he aprendido a lo largo de los años es que Dios sólo puede trabajar con lo que ya está en ti. Por eso es tan importante para nosotros leer su Palabra porque está viva y cambia nuestra forma de pensar. Ese doctorado ya estaba en mí, Dios sólo quería que me diera cuenta. En el momento en que dejé que Dios cambiara mi forma de pensar, todo lo que ya puso en mí fue capaz de salir a la superficie.

Hoy, tengo una relación cordial con mi ex-esposo; ha reconocido las malas decisiones que tomó y está felizmente casado con una gran mujer. Me doy cuenta de que también fue víctima de las circunstancias y que Jesús es el que puede sanarlo. Mi vida no fue fácil, pero hoy me mantengo fuerte gracias a un Dios que me ha sanado. Más que nada, quiero que las mujeres realmente crean en sí mismas incluso si has tenido una vida terrible, ¡eres digna de una vida mejor! Eres valiosa y fuerte. Cristo dio Su vida por nosotros porque somos importantes para Él. Permítale que trabaje en cada detalle de su vida y verá lo que puede hacer. Hay esperanza en Jesús.

Hoy, soy capaz de tener una relación amorosa con mi madre y mi padre debido al poder del perdón. Dios me dio permiso para contarle a mi madre lo que me había pasado. Ella era más fuerte mental y emocionalmente cuando pude decírselo. Al principio, se culpó a sí misma por no estar allí por mí cuando la necesitaba, pero ha sido capaz a través de Cristo de perdonarse a sí misma. También era una víctima y confiaba en la gente que pensaba que nos amaba. Mi padre también ha cambiado y ahora está aprendiendo cada vez más sobre el amor y el perdón de Dios.

Si he aprendido una cosa de mi experiencia, es que no es como empiezas, sino cómo terminas. He elegido confiar en Dios con mi vida. Me ayudó a despertar de mi pesadilla diaria para vivir la vida de mis sueños; ¡puede hacer lo mismo por ti! Las situaciones en tu vida aunque no han sido tu culpa, las ha usado el diablo para destruirte. Depende de ti si dejas que Cristo las convierta en un testimonio que dará vida a otros. El diablo pudo haber intentado destruirme, pero una cosa sé con seguridad... Cristo me ha hecho una nueva criatura. ¡De una pesadilla diaria mi vida se ha convertido en la bendición diaria!

Romanos 5:8... pero Dios muestra su amor por nosotros en el que mientras aún éramos pecadores, Cristo murió por nosotros.

"Ciclo que pensé que había cerrado pero seguía abierto."

***-Selina D. Bauer*

NO TODO ES COMO PAREceE

Por: Selina Bauer

Chase y yo nos conocimos en 2015 en una página muy popular para solteros en las redes sociales llamado Tinder. Había estado soltera aproximadamente unos seis meses, luego de haberme separado del padre de mi hija. Chase y yo nos comunicábamos casualmente en Tinder durante un par de meses, y con el tiempo intercambiamos números de teléfono. Todavía no nos habíamos conocido personalmente. Estaba viviendo con mis padres luego de mi separación. Chase y yo queríamos conocernos personalmente. Así que hable con una amiga que vivía cerca del pueblo donde Chase residía, para ver si podía llegar hasta allá y así podernos conocer.

Para ese entonces, Chase y yo habíamos estado hablando durante cuatro meses. Una vez que me instalé en el lugar de mi amiga, me encontré con Chase y las cosas salieron bastante bien. Fue respetuoso y me mostró todas las cosas maravillosas sobre él. Conocía a su representante; la persona que *quería* que viera. Sin embargo, no estaba al tanto de quien en realidad era él. Las cosas entre Chase y yo continuaban e iban bien. Tan bien que me mudé con él poco después de conocerlo en persona. Era ingenua, pensaba que estaba enamorada y completamente preparada para lo que estaba a punto de enfrentar.

Chase aparentemente estaba divorciado de su esposa, y él y su ex hicieron un arreglo para que ambos pudieran pasar tiempo con su hija. Aquí comienza mi realidad. Una vez, sus padres vinieron a la ciudad desde Tyler, Texas, para recoger a su hija que estaba quedándose con nosotros y llevarla con su madre. Chase me había dicho que estaba divorciado, pero descubrí que no. Aparentemente, sus padres sirvieron como intermediarios entre Chase y su ex, que también vivía en Tyler. Me dijo que iba a decirles a sus padres que yo era la niñera de su hija. Le dije: "¿Disculpa?" Él dijo: "Sí, La niñera", como para asegurarse si había entendido lo que me estaba diciendo. Le pregunté por qué necesitaba ocultar quién yo era realmente de sus padres. Me dijo que sus padres pensarían que era demasiado pronto para que él tuviera una relación con alguien ya que él y su ex recientemente se habían "divorciado". **Eso fue una gran señal de alerta.**

Él estaba en lo correcto. Cuando llegaron sus padres, se sorprendieron al verme en su casa. De hecho, me presentó como "Selina, la niñera de mi hija". Me sentí extremadamente incómoda y confundida por dentro. En ese momento teníamos 3 meses en la relación y aún no entendía por qué necesitaba ocultar esto si esta era la relación que quería. Me pregunté, qué le habrá dicho a su hija respecto a mí. Tan pronto como su madre y yo cruzamos miradas, me di cuenta de que sabía que algo estaba **mal**. Pero ella nunca dijo nada.

Los padres de Chase eran grandes personas y muy respetuosos. Cuando se fueron con su hija, fui directo al grano. Le pregunté: "Entonces, ¿qué tienes que esconder? No entiendo "Él dijo:" Como te dije antes, acabamos de entrar en esta relación. No tengo mucho tiempo de haber salido de este matrimonio y no quiero que mis padres sepan que estoy en una relación en este momento". La madre de Chase y yo sentimos exactamente lo mismo... algo estaba mal. Pero todavía no había determinado exactamente qué era.

Aproximadamente una semana después, un gran sobre de papel manila le llegó por correo. Ese día llegó a la casa del trabajo y encontró el sobre sobre la mesa, lo abrió y se dio cuenta que eran los papeles de divorcio. Miró nerviosamente los documentos, luego los dejó en el mostrador de la cocina y se dirigió al baño. Cuando salió del baño, le pregunté qué contenía el sobre. Todavía parecía frenético, pero me dijo que no era nada importante. Parecía preocupado y quería que fuera sincero conmigo. Le recordé que podía decirme cualquier cosa. Él dijo: "No quería decirte esto porque realmente no importaba. Pero estoy en proceso de divorcio". En mi mente dije ¿Qué?, me había prometido a mí misma que no estaría con un hombre casado porque era un acto de irresponsabilidad de mi parte, estar entre dos personas. Estaba confundida y necesitaba que me lo dijera directamente.

En este punto, no le quedó más remedio que decirme la verdad. Me dijo que actualmente estaba separado de su ex porque ella era una tramposa y abusiva con él. ¿Suena loco verdad? Pero más loco es que yo caí en la trampa. Confié en él y tenía una relación con él, así que le creí. Yo pensaba tan mal de ella. Mostré mi empatía con él por la situación que tenía que soportar. Yo razonando conmigo misma. Si finalmente terminó con este matrimonio y nadie estaba buscando reconciliación, entonces podría haber lidiado con eso. Aunque se disculpó, todavía me sentía incómoda con todo.

Después del incidente de los papeles de divorcio, noté que él comenzó a tratar a mi hija de manera diferente. Empezó a ser grosero con ella. Todo lo que ella hacía le molestaba, lo que llamó mi atención y me molestó y preocupó muchísimo. Ella es mi hija y la tenía que proteger y no iba a permitir que nadie la tratara mal. Tuve que acercarme a él como madre. Dejé que Chase supiera que ella y yo somos un acuerdo global y que no hay separación entre las dos. Dejé en claro que o nos toma a las dos, o todo terminaba. Expresó su necesidad de tiempo para adaptarse a nosotros viviendo allí con él. Lo que más dolió fue que acepté a su hija de todo corazón. Nunca la traté de manera diferente solo porque no era *mi* hija. Los acepté a ambos y eso es lo que necesitaba que él hiciera por mí. Unos días después de esa conversación, empecé a notar que trataba mejor a mi hija.

Pero algo todavía no estaba bien conmigo. Tenía la sensación intuitiva de que Chase estaba ocultando algo más. La separación convertida en divorcio fue abierta, por lo que no pudo ser. Un día, llegó extremadamente tarde a casa del trabajo. Cinco horas después de que terminara su turno, alrededor de la medianoche, recibí una llamada telefónica de él diciéndome que estaba en el hospital y que necesitaba llegar allí de inmediato. Le pregunté que le había pasado y me dijo que me explicaría todo cuando llegara allí. Cuando llegué al hospital, noté que tenía mucho dolor. Continuó diciéndome que sufría un caso grave de enfermedad de Crohn, que es una enfermedad terminal sin cura. El cuerpo produce úlceras y debes tener mucho cuidado con lo que comes, ya que eso puede causar inflamación intestinal. Me contó una historia sobre estar en Shreveport en su cumpleaños número 21 con sus padres. Fue a usar el baño y notó sangrado. Fue al hospital y le tuvieron que extirpar parte del intestino delgado, le quitaron la vesícula biliar y también su apéndice. Me quedé impactada. Ahora entiendo dije en mi mente. Y es que antes de este incidente, encontré un paquete de pañales para adultos en su baño y me pareció muy extraño. Nunca lo mencioné ni le pregunté al respecto. Llevaba los pañales por causa de la enfermedad. Dijo que a veces era difícil contenerlo. Me dijo que tenía varias cirugías, incluida una colostomía. Me explicó que se había sometido a una cirugía de colostomía hace un par de años y la revirtió. Le dije que lo aceptaba por quién era y que su enfermedad no cambiaba lo que sentía por él. Quería que supiera que no creía que fuera menos persona. Lo amaba y quería hacer lo que fuera necesario para cuidarlo. Había planeado estar allí para él para siempre. Al dejarle saber mi sentir por él y ante la vulnerabilidad de su situación, me pidió que me casara con él en ese mismo momento.

Empezamos a tener problemas con las finanzas. No pudimos llegar a un acuerdo sobre cómo queríamos manejar nuestro dinero colectivamente. Era muy compulsivo a la hora de gastar y no pensaba en el panorama general. Teníamos planes de mudarnos de Arlington a Richardson. El departamento que él quería costaba $1,400 por mes. Mi pensamiento era que, *por esa cantidad de dinero, podríamos tener una casa con mucho espacio para las chicas; o podríamos conseguir un apartamento más barato.* No importa lo que dije, terminamos mudándonos al departamento de $1,400. Para entonces, habíamos estado juntos el tiempo suficiente para que supiera que no iba a cambiar de opinión. Todo fue siempre una discusión con él. Él era una persona egoísta. Ese era su camino. Si no estaba de acuerdo con él, le daba un ataque y se creaba un problema. El me mantuvo en un perpetuo estado de confusión. Me encontré cuestionando todo sobre él. ¿Por qué no podía comprometerse?

Él trabajaba a unos 10 minutos de donde vivíamos y yo comencé a trabajar en un restaurante de comida rápida. Él trabajaba en la mañana y yo trabajaba en la noche, lo cual era perfecto para nuestra relación en ese momento. Sin embargo, mi trabajo no me estaba funcionando y, finalmente, renuncié. Para asegurarme de que permaneciera empleada, Chase me conectó con uno de sus antiguos empleadores, una empresa de catering en Dallas. Me entrevistaron y me dieron la oportunidad de trabajar con ellos. Me gustó mi nuevo trabajo y la paga fue excelente. Poco después, Chase renunció a su trabajo y comenzó a trabajar en la empresa de catering también. Chase es un hombre guapo y carismático. Ama a las mujeres y le encanta coquetear con ellas, son su debilidad. No soy una persona celosa, pero no me sentía respetada. No entendía su necesidad de mirar a otras mujeres; Estaba en una relación. Una noche, fuimos al restaurante Hooters a cenar después de un estresante día. Se sentó allí conmigo y claro, está de más decir que las chicas de allí están para servir, pero provocativamente. Coqueteó con las meseras toda la noche. Cuando lo llamaba y le dejaba saber lo que estaba haciendo mal delante de mí, siempre negaba el coqueteo. Cuando volvió a mirar a otras mujeres y coqueteaba con ellas, me hacía sentir insegura. Sentía que nada de lo que hacía era lo suficientemente bueno para él, como si no estuviera cumpliendo con sus estándares. Era un hombre controlador, manipulador y narcisista. Yo era muy joven en ese momento y sabía que esta relación estaba mal. Me crié en un hogar amoroso donde mi padre nunca ha engañado a mi madre. Mi padre trata a mi madre como una reina. Entonces esta relación no estaba ni cerca de lo que estoy acostumbrada a ver. Pensé que mi amor por él era lo suficientemente bueno y fuerte como para que el me amara, respetara, valorara y nos llevaramos bien. Nada más importaba si lo amaba, ¿verdad?

 El padre de mi hija y yo éramos bastante buenos para la crianza compartida. Si necesito su ayuda, él me ayuda sin pensarlo. En un momento, Chase y yo solo teníamos un auto. No me permitió comprar un automóvil, lo que aumentó mi confusión sobre él. No entendí su forma de pensar. Él insistió en que no tuviera automóvil, le expuse mi punto del porqué debíamos tener otro auto preguntándole: ¿Qué pasa si hay una emergencia y estas en el trabajo? ¿Qué sucede si necesito hacer un mandado rápidamente a la tienda de comestibles? ¿Qué pasa con las diligencias que necesito hacer? Pero de nuevo, no me escucho y yo no protesté y lo dejé pasar. Siempre pensé, **Es lo que es**. Entonces, utilicé el transporte público para hacer mis recados, incluso con las chicas.

Un día, simplemente no tenía ganas de tomar el autobús. Llamé al padre de mi hija, y le pedí de favor que me llevara a buscar algunas cosas que necesitaba para la nena. Cuando Chase se enteró de que tengo buena comunicación y relación con mi ex, me preguntó: ¿Porque no me preguntaste a mí que te llevara a la tienda? Lo mire y dije: Que descaro y que machista, si me hubiera permitido tener un auto estuviéramos evitando este drama innecesario. Simplemente le dije que su padre me estaba ayudando. Bueno, eso no estaba bien con Chase. Debe haber sentido una extraña sensación de traición porque sacó su arma y me apuntó por el lado izquierdo de mi cabeza, diciendo: "Estoy cansado de esto". Estaba nerviosa, asustada y me congelé. Le pregunté, "¿De qué estás hablando?" Chase pensó que estaba teniendo otro tipo de relación con el padre de mi hija. Pero, le expliqué cuidadosamente que él y yo estábamos siendo solo padres, nada más. Que solo fue un favor que le pedí, ya que necesitaba algo para la nena y que como él estaba trabajando y no podía salir, pues acudí a él. Nada más sucedió. En ese momento, Chase y yo habíamos estado juntos por 7 meses. Chase dijo que, si alguna vez descubría que lo estaba engañando, me iba a disparar en la cabeza.

Afortunadamente, mi hija estaba en otra habitación y no vio nada. Luego del altercado bajó el arma me miró y se fue a la cama. Fui a la habitación de mi hija, la acosté en su cama y luego me fui a dar una ducha. Después de mi ducha, me metí en la cama y actué como si estuviera dormida. Cuando me di cuenta que se quedó profundamente dormido, me deslicé en silencio hasta salir de la cama sin que se diera cuenta. Fui a la habitación de mi hija, la cargué y salí corriendo. Bajé silenciosa y rápidamente las escaleras y llamé a la policía de inmediato. Les dije que mi novio tenía una pistola y me había amenazado con dispararme. Me pidieron la dirección y se las di. Cuando me aseguraron que venía alguien, salí del departamento y me escondí en los arbustos hasta que llegó la policía. Hubo alrededor de 3-4 oficiales que se presentaron a la escena. Aparentemente, Chase notó que me había ido porque la policía le dijo que me estaban buscando. Estaba temblorosa y nerviosa y Chase estaba calmado, tranquilo y sereno.

Cuando la policía le explicó por qué los llamé, negó haberme apuntado a la cabeza. Salí del escondite y llegue a la escena. La policía nos separó por un momento y nos habló individualmente. Chase convenció a la policía de que él no había hecho nada y me dijeron que debido a que no tenía ninguna prueba ni lesiones corporales visibles, no había nada que pudieran hacer por mí. No hace falta decir que Chase no fue arrestado. Después de que la policía se fue, me quedé afuera. Llamé a mi madre y mi hermana y les dije que necesitaba ayuda para salir de ese departamento y salir de esa relación. Se dirigieron a Dallas para venir a buscarme.

    Mientras esperaba su llegada, intenté sacar algunas de las cosas de mi hija de la casa. Chase me acorraló, me agarró del brazo y me sacudió. Él gritó: "¿Qué estás haciendo? ¿Creías que los policías iban a creerte? Comenzó a seguirme por la casa preguntándome a dónde iba. Le dije que me iba y eso lo hizo enojar aún más. Comenzó a agarrarme y empujarme, diciéndome que no iría a ningún lado. Me agarró del pelo y lo jaló, y me las arreglé para soltarme y me escondí en el armario. Traté de mantener la puerta cerrada y no pude hacerlo. Abrió con fuerza la puerta del armario y me dijo que no iría a ningún lado. Le dije que mi madre y mi hermana vendrían a buscarme a mí y a mi hija y que, si no me dejaba ir, las cosas se pondrían mucho más feas. Soltó la puerta y se fue diciendo: "Haz lo que sea, ya terminamos".

    Mientras estaba en el auto con mi madre y mi hermana, mi madre tuvo algunas palabras fuertes para mí. Hizo hincapié en que tenía que salir de esa relación. Pero también dijo que tomé una mala decisión que puso en peligro a mi hija y que yo era una mala madre por hacerlo. Ella también dijo que no me iba a ayudar a irme y que necesitaba hacerlo por mi cuenta. Mi madre es una persona amorosa, pero cuando se trata de disciplina, es dura y estricta. Me dolieron los sentimientos al escucharla decir que yo era una mala madre. Empecé a pensar, tal vez lo soy. Mi madre no me permitía volver a casa y no tenía a dónde ir. ¿Qué hago no? ¿A dónde voy? No quería ir a un refugio para personas sin hogar.

Tenía miedo de lo que vendría después para mi hija y para mí. Como fue clara en que no iba a ayudarme, sentí que mi única opción era volver a Chase. Le dije a mi madre que me dejara en el departamento. Ella dijo: "¿Estás loca? No vuelvas a buscarme de nuevo. No quiero volver a hablar contigo nunca más.

Por supuesto, volví a Chase y, cuando lo hice, lo vio como una oportunidad para burlarse de mí. Hizo comentarios como: "Yo sabía que esto iba a suceder. Sabía que ibas a volver corriendo hacia mí. Podemos hacer que las cosas funcionen". Lo miré y dije: "No quiero hablar contigo". Me fui a dormir y al día siguiente, todo volvió a la normalidad. Salió a trabajar como de costumbre, volvió a casa y lloro. Se estaba disculpando y hasta un ramo de flores me envió. Fue un montón de mierda, pero en ese momento, no me di cuenta de qué juego estaba jugando. ¡Lo perdoné y me disculpé por haberle hecho pasar coraje! Era manipulador de esa manera. Él sabía cómo hacer girar una situación y hacerme sentir que tenía algo por lo que disculparme. Pero así de loco como era, un mes después, nos casamos.

Con el tiempo, él me mostró continuamente que no estaba en condiciones de tener una relación y, si soy sincera, yo tampoco. Pero nos quedamos juntos. No nos poníamos de acuerdo, discutimos por el más mínimo detalle, sobre todo; desde las finanzas hasta de qué color debíamos de pintar las paredes. No era bueno comprometiéndose. Él era muy desafiante y controlador. Él tomó todas las decisiones por nosotros y yo simplemente lo apoye. En medio de todo lo que sucedía con Chase y yo a diario, se enfermó gravemente y fue ingresado en el hospital. Nos informaron que necesitaba someterse a una cirugía de colostomía. Su madre vino a Dallas para apoyarlo y ayudarme con las niñas durante ese tiempo. Ella solo se quedó por unos días y luego volvía a Tyler. Chase todavía no estaba bien y yo tenía que trabajar, así que contraté a una niñera para que me ayudara con las chicas. Después del trabajo, recogería a las chicas o simplemente a mi hija si su hija no estuviera con nosotros y me iría al hospital. Me aseguraba estuviera bien, que comiera bien y que el personal del hospital tomara las precauciones correctas con él. Descubrí que era adicto a un medicamento llamado Dilaudid. Su madre me advirtió sobre su adicción a ese medicamento, pero el único momento en que pudo obtenerlo fue cuando estaba en el hospital. Me di cuenta que el pedía más medicamento cuando no lo necesitaba. Y cuando no se la daban cuando él quería comenzaba a gritarle al personal y a mí, llamándome una mierda por no ayudar a su adicción. Él decía que no era lo suficientemente buena y que no estaba haciendo mi trabajo como su esposa. Me dolió porque solo estaba buscando su mejor interés. Fue tan grosero con las enfermeras que me tuve que disculpar con ellas por su comportamiento y les agradecí por su profesionalismo. No merecían ese tipo de tratamiento.

Cuando regresó a casa, todas las responsabilidades cayeron sobre mis hombros. Tenía que cuidar a las chicas, a él y las cuentas. Fue deprimente y comencé a aumentar de peso. Comenzó a llamarme cerda gorda y me hizo sentir de menos. Cuando tenía un momento para mí, me escondía en el armario, lloraba y preguntaba por qué no era lo suficientemente buena. El armario era mi lugar seguro, lejos de él. Tenía solo 21 años y hacía todo lo posible para asegurarme de que se satisficieran las necesidades de todos. Podría haber estado haciendo muchas otras cosas.

Un mes después, regresó al hospital para someterse a la cirugía de colostomía. Tuvimos un Chevy 2008 Cobalt SS y, cuando iba a trabajar una tarde, el auto comenzó a sobrecalentarse. No tenía más remedio que detenerme en el lado de la autopista. Llamé a mi trabajo y les informé lo que estaba sucediendo, pero no entendieron la situación. Necesitaban que estuviera en el trabajo y esperaba que llegara allí. Chase se estaba recuperando en el hospital y llamé a Chase para contarle lo que estaba pasando. Me dijo que llamara a una grúa. Pero para variar me culpó de toda la situación del auto. Le dije antes de que el auto se descompusiera que estaba goteando líquido. Él nunca me escuchó, así que nos quedamos sin auto.

Después de aproximadamente cuatro semanas de estar en el hospital, fue dado de alta y tuve que asegurarme de que sus heridas estuvieran limpias y atendidas y que le cambiaran la bolsa de colostomía. Cuando se recuperó, me dijo que tenía que volver a Tyler y que se quedaría allí con sus padres durante cuatro meses.

Aparentemente, tenía un amigo que era dueño de un taller mecánico y arreglaba el auto gratis. No pensé demasiado en eso porque estaría en la casa de sus padres. Durante ese tiempo, solo regresó a casa dos veces. Su hija pasaba tiempo con él en la casa de sus padres desde que él estaba cerca. En casa, solo estábamos mi hija y yo. Cuando regresó a casa, las cosas seguían mal. Yo no era alguien que revisara sus pertenencias personales, pero algo me dio con verificar su teléfono. Descubrí que estaba hablando con otra mujer que vivía en Dallas.

Durante los cuatro meses que estuvo fuera, estuvo viajando en secreto a Dallas para visitar a esta mujer. Pero él no se dirigía a su casa para pasar tiempo conmigo o saber cómo estábamos. No tenía vergüenza. Le envié un mensaje a la chica, esencialmente diciéndole que no sabía lo que estaba pasando, pero que era su esposa. También le dije que se suponía que él debía estar en Tyler reparando nuestro auto, pero que ahora estaba al tanto de él haciendo viajes para verla en Dallas. La mujer nunca respondió. Así que lo enfrenté al respecto. Le conté los mensajes que había encontrado con su novia. Por supuesto, actuó como si no supiera de qué estaba hablando.

Negó todo y dijo que los mensajes y las fotos eran ... nada. Llamé a su madre y le dije que su hijo me estaba engañando cuando se suponía que debía estar allí en Tyler para reparar nuestro automóvil. Ella corroboró su historia, diciendo que no podía haber estado engañando porque no había estado fuera de Tyler. Si ese fuera el caso, ¿cómo podría explicarle que estaba a dos horas de distancia en Dallas con otra mujer al mismo tiempo que se suponía que él estaba en Tyler en su casa? Ella juró que su hijo nunca me engañaría y, por supuesto, abogó por él. Le dije que ya no podía estar con él.

Su familia era interesante. Su madre era su mayor fan y a la vez la tonta mayor. Ella creía todo lo que él decía. Sin embargo, su hermana y su padre tenían una perspectiva diferente de él. Me avisaron todo el tiempo. Su hermana me dijo algo que nunca olvidé. Ella dijo: "Todo lo que te está haciendo, se lo hizo a su ex esposa". Después del incidente con los mensajes a esta otra mujer, el comentario de su hermana pasó por mi mente. Estaba completamente harta y no podía seguir con este matrimonio por más tiempo. No estaba feliz, no era su enfermedad lo que no podía soportar, era todo lo que me había hecho. Había mucho sobre mis hombros. Chase fue desagradecido y eso no iba a cambiar.

Chase insistió en que estaba delirando y no sabía lo que vi. Pero se disculpó por lo que vi. De nuevo, confuso. Se puso de rodillas y lloró, disculpándose. Sabía que sus lágrimas eran la forma en que podía manipularme. Lo perdoné y me quedé. Fue un ciclo. Haría algo que valiera la pena para que no lo dejara, si intentaba irme, el lloraría y se disculparía, y yo lo perdonaría y nuevamente me quedaría.

En este punto, habíamos estado casados un año y medio y me estaba cansando mucho de cómo iba este matrimonio. Nuestro contrato de arrendamiento en el costoso departamento estaba terminando pronto y el plan era mudarnos a otro departamento. Habíamos encontrado un lugar y sabíamos que teníamos que conseguir un total de $ 2,000 para mudarnos. Tenía mi mitad del depósito, pero Chase no. Él vino a mí y me dijo que necesitaba juntar mis cosas y a mi hija e irme. Estaba estupefacta. Le pregunté qué quería decir con eso. Me explicó que no tenía la mitad del dinero para mudarse. Quería saber por qué no tenía su mitad y qué hizo con ella. En realidad, nunca me dijo lo que hizo con su dinero. La única respuesta que ofreció fue que no la tenía. Él dijo: "Tienes que ir a un refugio para personas sin hogar o algo así". Le dije: "¡wow! Somos una familia ¿Esto es lo que llamas una familia? Se supone que debes estar allí para tu pareja. ¿En cambio, esto es lo que me dices? ¿Coge tus maletas y marcharte con tu hija? Esa conversación estuvo en mi mente el resto de la noche. ¡No podía creer que hablara en serio! Esta fue la gota que colmó el vaso. No era un esposo y *esto* no era una familia.

Fui a trabajar al día siguiente y hablé con mis compañeros de trabajo sobre lo que estaba sucediendo. Me habían estado diciendo que necesitaba dejarlo. Mis compañeros de trabajo fueron muy útiles con mi decisión de dejar Chase. No quería decírselo en persona porque tenía miedo de que me lastimara físicamente.

Le envié un mensaje de texto y le informé que este era el final del camino para mí. No quería que me fuera y amenazó con dejar a mi hija en mi trabajo desde que lo dejé. Ni siquiera tratar de oponerse a ella. Estaba siendo su habitual berrinche. Simplemente le dije que se asegurara de que le trajera la bolsa de pañales cuando la dejó. Mi hija en ese momento solo tenía 18 meses de edad.

Dijo que no iba a dejar la bolsa de pañales. Chase hizo cualquier cosa para hacerme la vida difícil. Cuando dejó a mi hija, ella solo llevaba un pañal; sin ropa. Me dijo que nadie me querría y que nunca haría nada por mí misma. Todos estaban parados allí, mirando. Una de mis compañeras de trabajo se comunicó por teléfono con su esposo de inmediato e hizo los arreglos para ayudarme con mi hija y darme un lugar seguro junto a ellos hasta que pudiera ponerme de pie.

    Mi compañera de trabajo me dijo que su hermano me recogería a mí y a mi hija en mi trabajo y me llevaría a recoger nuestras pertenecías al departamento. Le envié un mensaje a Chase y se lo dije. Él luchó contra eso. No me permitió ir al departamento. Llamé a la policía y solicité un acuerdo de Justicia de la Paz con un oficial para poder recuperar mis pertenencias. Me preguntaron si tenía una llave y no la tuve. Aprobaron el acuerdo y me aconsejaron que llamara al gerente del departamento para pedir ayuda. Le expliqué la situación a la oficina de arrendamiento y me aseguraron que me dejarían entrar al departamento. Los gerentes eran muy conscientes de la situación entre Chase y yo, por lo que estaban dispuestos a ayudarme. Sin embargo, cuando llegué al complejo de departamento donde vivíamos, todas nuestras cosas fueron arrojadas al exterior por todo el complejo. Chase todavía no quería dejarme entrar, pero el oficial de policía le informó que tenía un tiempo específico para entrar y recoger todas mis cosas.

Mientras estaba adentro, Chase estaba afuera quejándose al oficial de que necesitaba usar el baño. Sorprendentemente, el oficial le permitió volver a entrar y me agarró y me sacudió, diciendo: "Vas a lamentar todo esto. ¡No puedo creer que hayas llamado a la policía aquí, otra vez! Le arrebaté el brazo y seguí juntando todo lo que pude.

    Salí lo más rápido que pude. Mi compañera de trabajo

me dio albergue en su casa durante 2 meses. Las cosas no estaban muy bien allí. Un día, ella abruptamente me pidió que me fuera y tenía hasta la noche. Llamé a mis padres y les dije que no tenía ahora hogar y que me quedaría en un motel. Nos quedamos en el motel unas seis semanas. Tendría que caminar a la casa de la niñera temprano en la mañana para dejar a mi hija e ir a trabajar. La vida era dura y cada vez más difícil.

Mis padres me informaron que, debido a una nueva oportunidad de empleo en la agencia de mi papa, los iban a trasladar de Texas a Carolina del Norte. Mi madre vio que estaba realmente tratando de mantenerme a flote y me ofreció ayuda, pero había condiciones. Tenía que a mudarme a Killeen, TX, (lugar donde estaban residiendo antes de la relocalización a NC) (lugar donde mi hermana mayor estaba viviendo con su esposo y hija pequeña.) unirme al ejército y permitirles tener la custodia parcial de mi hija. Lo pensé y estuve de acuerdo con eso. Así que finalmente salí de esa relación tan tormentosa que no me dejaba seguir adelante.

En ese momento no estuve sola, ya que, aunque ellos se mudaron, tenía familia cerca de mí que me podía apoyar y no sentirme sola con mi hija. Trate de entrar al ejército, pero no me funciono.

Con el tiempo, el ciclo que pensé que había cerrado seguía abierto, y yo seguí alimentando en mí un área que no sabía cómo dejarlo morir. El área de la soledad. Conocí a un hombre llamado Michael y las cosas empezaron muy bien. Tan genial que inmediatamente nos mudamos juntos poco después de nuestra primera cita. Michael era un hombre encantador y humorista. Las cosas finalmente parecieron mejorar, pero lo que no sabía era que tres meses después de vivir juntos me encontraba en una pesadilla. Michael trabajaba en la construcción una hora lejos de Killeen con un turno de 8 horas diarias. Tenía un buen amigo que vivía a unos veinte minutos de su trabajo a quien visitaba con bastante frecuencia y ocasionalmente pasaba la noche. Michael tenía dos teléfonos celulares, uno era un teléfono personal y el otro era un teléfono de trabajo. Tenía su Facebook conectado a ambos y olvidó su teléfono personal en casa un día. Seguí escuchando su teléfono sonar en este punto, así que pensé que era el mismo Michael que de un teléfono a otro estaba buscando su teléfono. Cuando agarré el teléfono y revisé las notificaciones, hubo una conversación entre él y esta chica. Se intercambiaron fotos explícitas entre los dos, así como los arreglos para reunirse esa noche para una reunión en la casa de un amigo de Michael. Me sentí desconsolada y tomé fotos de pantalla con mi teléfono celular.

Esa noche, Michael se quedó en la casa de su amigo para tener una cita con la chica que estaba enviando mensajes. A la mañana siguiente, Michael regresó al departamento para descansar ya que le habían hecho un trabajo dental que requería reposo esa mañana. Le mostré las fotos que había visto en su celular. Michael me miró sorprendido en cuanto a cómo pude captar la conversación que estaba teniendo con la chica. Él respondió con: "Esa es mi vida personal; se supone que no debes saber lo que hago en privado". Le dije: "¿Cómo es esta tu vida personal cuando estás en una relación conmigo?". Desde entonces, nuestra relación nunca fue la misma. Decidí tomar mis cosas y compartir la habitación con mi hija hasta que ahorré lo suficiente para mudarme. Continuamos viviendo juntos en cuartos separados y dividimos las cuentas.

    Una noche, mientras hablaba con unos amigos que nos habían ido a visitar, en el vecindario, había un gato callejero que mi amiga Sarah y yo siempre alimentamos cada vez que lo veíamos. Esa noche, alguien dejó la puerta abierta y el gato callejero entró al departamento y estaba comiendo la comida del plato de Michael. Ninguno de nosotros sabía que el gato había entrado, pero Michael sí. Agarró al gato y lo arrojó sobre el balcón del segundo piso. Entró en la casa gritándome y preguntando por qué el gato estaba en la casa. Le dije que no sabía que había entrado al departamento, así que me escupió en la cara mientras me alejaba. Después de eso, me arrinconó en la cocina y persistió para obtener una respuesta sobre el gato que había entrado a la casa. Insistí en que no sabía, así que me llamó perra y me roció un insecticida en los ojos. Uno de los amigos de Sarah vio lo que estaba sucediendo e intervino. Se llamó a la policía, pero no se hizo nada. Cuando entré en la habitación después de que los policías se fueron, me tiró la cama de mi hija y comenzó a asfixiarme. Me pude zafar y salí corriendo; para entonces, todos habían salido del departamento excepto Michael y yo. Salí a tomar aire y mientras estaba sentada afuera en las escaleras, hablando con Dios le pedí que me ayudara a salir de ahí. Michael sale por la puerta preguntando qué estaba haciendo. No conteste, me levanté y caminé hacia la puerta principal. Me bloqueó la puerta; tenía miedo, así que corrí hacia la otra escalera. Él corrió detrás de mí. Me caí por las escaleras, pero pude levantarme y correr por el complejo de apartamentos para volver a la casa. Michael me alcanzó y entró, me quitó el teléfono de las manos y lo rompió. Grité: "¡Ya es suficiente!" Y déjame sola. Se fue a su habitación y una hora después salió a disculparse. Le dije que me iba y se enojó. Le dije que no estábamos en una relación; Habían pasado ocho meses desde que rompí con él. Hicimos un acuerdo para dividir las facturas del apartamento y cuando reuniera el dinero que necesitaba, me iba a mudar. Le dije que no solo rompió mi confianza en nuestra relación haciendo trampa, sino que también me lastimó mental y físicamente, incluso después de que rompió las cosas. No acepto un no por respuesta y continuó acosándome hasta que me mudé en noviembre de 2017. Dejé atrás esa pesadilla y seguí adelante con mi vida.

Una vez más pensé, ya Sali de este ciclo sin saber que realmente lo iba a cerrar con la ayuda de Dios.

Como dije anteriormente, no pude entrar al ejército, pero sí tuve la oportunidad de trabajar y en ese lugar de trabajo conocí a un cliente llamado Mark. Dirás, ¿Otra vez? ¿No puede ser? Pero tranquila, que yo estaba igual o más nerviosa que tú. Mark y yo nos habíamos conocido unos dos meses antes de que me fuera del departamento que alquilé con Michael. Mark y yo habíamos estado saliendo durante tres meses cuando me mudé y conseguí mi propio lugar para mi hija y para mí. Mark era divorciado, si el si lo era. Él también tuvo un matrimonio similar al mío. Su ex esposa era abusiva mental y físicamente, así como una estafadora, por lo que ambos sabíamos cómo era pasar por situaciones similares. Mark había finalizado su divorcio un mes antes que él y yo nos reuniéramos en agosto de 2017. Lo ayudé a hacer frente a los obstáculos que se le lanzaron. Mark era militar lo cual vivía dentro de la base hasta la segunda semana de diciembre, cuando regresó de un entrenamiento de un mes en noviembre para el ejército. Estaba muy orgulloso y aliviado de que pudiera irme con mi hija y conseguir mi propio lugar.

Durante sus primeras dos semanas después del entrenamiento, pasó tiempo con nosotros y nos llevó a comer y al cine. Era un hombre respetuoso desde el principio, algo en mi corazón sabía que él era el indicado. Llámame loca, le pedí que se mudara a mi departamento. Se mudó y las cosas siguieron yendo bien; nunca cambió su personalidad y siempre me trató como una mujer debería ser tratada. Trataba a mi hija como si fuera suya y siempre puso nuestras necesidades por encima de las suyas para asegurarse de que siempre estuviéramos felices. En febrero, me propuso matrimonio y acepté, después de estar juntos por unos siete meses. Nos casamos una semana después, nos mudamos del apartamento y alquilamos una casa. Descubrimos que estábamos esperando un bebé en mayo de 2018, dos semanas antes de su despliegue en Europa. Dios me bendijo con un hombre increíble, así como una figura paterna increíble para mi hija. Llevamos casados casi dos años y hoy por hoy puedo decir que Dios me ayudó a cerrar un ciclo llamado soledad dándome la oportunidad de hacer una familia con Mark; No puedo estar más feliz y agradecida. Tenemos dos hermosas hijas sanas y un hogar lleno de amor. Nunca pensé que las cosas iban a mejorar para mi hija y para mí, pero Dios tenía un plan para nosotros y era hermoso. Le agradezco todos los días por bendecirnos y por conceder las peticiones de mi corazón en tener una familia llena de amor y paz.

    Una historia fuerte, larga y que pensaba que no había esperanza. Por eso si al leer esto te identificas, medita en lo que estás pasando y pídele a Dios que te ayude. Si estás en una relación enfermiza y tóxica, busca ayuda. Si es abusiva y decides salir busca ayuda, pero por favor, no regreses hasta que realmente estén sanos y restaurados. Cuando estas en abuso estás sometiendo tu propio yo a no ser feliz y a no darte una oportunidad de vida. No ignores las banderas rojas. Esas son las que te muestran la razón por la que viste lo que viste y escuchaste lo que escuchaste. Por un período de tiempo en mi vida, me creía lo que escuchaba, que no era lo suficientemente buena. No me sentía hermosa o digna de un verdadero amor. Permití que esa relación me robara mi autoestima. Mi confianza estaba en todo momento en el piso y no tenía a nadie a quien recurrir. Tuve que levantarme y comenzar de nuevo. Fue difícil, agotador y muy necesario, pero no imposible.

    Quiero ser un ejemplo de esperanza para aquellas que están en relaciones domésticamente abusivas. Debes cuidarte a ti misma por tu bien y para cuidar tu salud mental.

Para aquellas mujeres que tienen hijos, los ambientes abusivos no son saludables para ellos. Los niños son bastante intuitivos. Ellos saben cuándo algo no está bien. Puedes pensar que lo estás escondiendo bien, pero confía en mí, nadie es tan buena actriz. Si estás en una situación en la que los niños están viendo lo que está pasando, hazte un favor a ti misma al salir de esa situación, no es justo para ellos ni para ti tampoco. No merecía la forma en que me trataban y cuando me di cuenta de que había salido de ese ambiente tóxico, Wow! el alivio fue increíble. Sentí que me quité una gran carga de encima. Salir no fue fácil, pero la seguridad y cordura de mi hija y yo importaba más que mi amor por un hombre egoísta. Era hora de que pusiera mis prioridades y necesidades antes que mi matrimonio.

Alejarme de Chase y Michael me mostró que soy más fuerte de lo que pensaba. Crecí del trauma que experimenté como esposa de Chase y novia de Michael. No permití la amargura para establecer y asumir el control y les perdoné. Seguí adelante y logré mantenerme positiva porque yo opte por encontrar el lado positivo a las cosas aun en medio de la situación. Pero lo más importante que aprendí y vi en todo esto; es que NUNCA estuve sola, Dios siempre estuvo conmigo y al final de las malas decisiones que tome por temor a quedarme sola, El me vio con ojos de amor y tuvo misericordia de mí. Ahora puedo decir que soy más que bendecida y amada por él y más que agradecida por el hombre y la familia que me ha dado para que mis hijas y yo podamos tener un hogar feliz. Nunca es tarde, sal de tu ciclo y ciérralo, Dios tiene un mejor plan para ti.

"Pero varios meses después del matrimonio, descubrí que me casé con un hombre y me llevé a casa un niño."

***-Wilma Rodriguez*wst*

LA MAÑANA SIGUIENTE...

Por: Wilma Rodríguez

Realmente, la gente no quiere estar casada o fundar una familia. Solo quieren marcar esa casilla en su lista de tareas pendientes de por vida. Mi ex esposo me encontró en Facebook en julio 2014 y hasta el día de hoy, todavía no estoy segura cómo lo hizo. Visitábamos la misma iglesia y yo estaba cerca de la familia pastoral, lo que automáticamente me daba a conocer. Supongo que así fue como me encontró, a través de amigos mutuos que asistían a la misma iglesia. Nuestra primera cita fue una excursión de la iglesia a un parque acuático y desde el principio, yo estaba muy interesada en él. Durante la cita, hablamos sobre la familia, las relaciones pasadas y nuestras creencias. Daba la impresión de que el era un buen hombre. Al menos, eso es lo que pensaba.

Era natural de Puerto Rico y aún no se había casado, pero tenía hijos con diferentes mujeres. Quería un nuevo comienzo y residía con un familiar en la ciudad de Harker Heights, Texas. Me gustó que estuviera dispuesto a comenzar de nuevo, y en un entorno cultural completamente diferente. Tenía ambiciones y objetivos. Él era un hombre de familia. Esos atributos me atrajeron hacia él y lo admiré. Su viaje me recordó el viaje que hizo mi propia familia desde Puerto Rico. Salimos durante unas seis semanas antes de que me pidiera que formalizáramos nuestro noviazgo. Por supuesto, al principio, las cosas fueron geniales. Tenía un trabajo y asistía a la iglesia regularmente, lo cual me gustó. Su disposición de asistir a la iglesia era muy importante para mí. Era miembro del cuerpo ministerial en la iglesia. Mi visión del matrimonio incluía que mi esposo estuviera tan involucrado en la iglesia como yo. Quería ser esa pareja con poder impulsada por el ministerio. La iglesia era una prioridad y mi futuro esposo necesitaba entender eso.

En octubre 2014, las mujeres de la iglesia tenían su conferencia anual. Usualmente a esta conferencia asisten pastoras de otras ciudades para ministrar. En esta ocasión fue invitada una pastora de Tampa, Florida. Como era una invitada especial, ella pidió ser alojada en la residencia de mis padres porque le gustaba el calor familiar en lugar de quedarse en un hotel. Esta era su segunda vez en Texas ministrando en nuestra iglesia por lo que ella y yo nos conocíamos. Ella me dijo: "Wilma, sabes que, él es un hombre de muchas caras, así que ten mucho cuidado. Él no es el hombre que Dios tiene para ti". Ignoré su amonestación porque yo era libre de estar con quien quisiera. Nadie me iba a impedir que estuviera con mi novio. Estaba cansada de estar sola, así que estaba decidida a continuar mi relación. Pero en el fondo, sabía que ella tenía razón y buen discernimiento de parte de Dios.

La Mañana Siguiente...

Tuve algunos problemas de autoestima, principalmente con mi imagen corporal. Pero me gustó que me prestara atención. De una manera muy poco ortodoxa, me gustó que tuviera hijos. En aquel momento, sus hijos tenían dos, tres y once años. No estaba segura de poder tener hijos y no quería el estrés de poder concebir sobre mis hombros. Al menos, si no pudiera tener hijos, no sería probable que mi pareja me presionara o me rechazara por mis condiciones de salud.

A medida que pasaban los meses, compartíamos mucho tiempo juntos, para así conocernos mejor. Luego llegó el año nuevo. En enero 2015, él estaba trabajando en un almacén en la ciudad de Temple, Texas. Estábamos en una cita médica y él se puso fuera de control en el consultorio, porque fue despedido de su trabajo y reaccionó inapropiadamente a esa noticia. Supongo que fue en ese momento cuando se dio cuenta de que no podía pagar la manutención de sus hijos en Puerto Rico y eso lo descontroló. Con la esperanza de calmarlo, le aseguré que todo iba a estar bien. En el mes siguiente, encontró un trabajo nuevo.

Las cosas estuvieron bien por un corto tiempo después del incidente en el consultorio médico. Un sábado, sugerí que fuéramos a un buffet de comida oriental después de asistir a la iglesia. Fuimos, comimos, pero a partir de ahí fue cuesta abajo. A la mañana siguiente, me desperté vomitando sin parar. Me desmayé en el piso de la casa. Recuerdo haberme despertado junto a unos vidrios rotos y desmayarme nuevamente. Llegué a recuperarme lentamente, y luego llamé a mi mamá para pedirle que me ayudara. Cuando mi mamá llegó y me encontró tirada en el piso, inmediatamente llamó al 911. Aparentemente, mi presión arterial y mi nivel de azúcar en la sangre bajaron peligrosamente, lo que me impidió funcionar normalmente. Me transportaron a la sala de emergencias, unidad de trauma. El personal del hospital no pudo elevar mi presión arterial a su ritmo normal. Mi presión arterial era: 50/30, lo normal para un adulto es 120/80. Sabía que iba a morir. Estuve en la Unidad de Cuidado Intensivo durante tres días y de alguna manera empecé a mejorar. A partir de ahí, me trasladaron a un cuarto y me quedé allí durante otra semana. Me di cuenta de que mientras estaba en el hospital, mi novio había venido a verme, pero solo se quedaba unos minutos. En un momento dado mi mama le sugiere que me frotara los pies para que me calmara y hacerme saber que él estaba allí. Él le dijo rotundamente: "No. No quiero hacerlo". Eso hizo que mi mama se molestara. Esta fue otra bandera roja que ignoré y hubiera evitado todos los problemas que pasaría en el futuro.

Ignoré esa bandera roja, porque él aparentaba querer estar involucrado en los ministerios de la iglesia. Llegó el día de San Valentín y decidimos pasarlo tranquilos. Fuimos al cine y a mitad de la película, dijo que teníamos que irnos. Le pregunté por qué y él me dijo que su cuñado lo necesitaba. Pero en vez de conducir hacia la casa de su cuñado, condujo hacia mi casa. Yo estaba completamente confundida. Pero no hice más preguntas. Estacionó el auto y entramos a mi casa; allí encontré a mis padres, mi hermano y su esposa. La casa fue decorada románticamente. Desde la puerta de entrada hasta la sala, había velas encendidas en el suelo que formaban un pasillo para que yo pasara. Al final del pasillo, había cientos de pétalos de rosas que formaban un corazón. Dentro del corazón había un diario abierto y sobre el mismo, había un anillo de compromiso. Todo esto sucedió en un lapso de seis meses de nuestra relación, ¡me pidió que me casara con él! La forma en que estableció su propuesta fue tan hermosa y sincera que lloré durante toda la experiencia. Esto fue lo que yo soñé, un hombre que me propusiera de la manera que me lo merecía. Me mantuve pura durante la fase de citas e incluso durante toda la relación. Él y yo no tuvimos sexo mientras salíamos. Temía tanto a Dios que mantuve mi compromiso con la pureza hasta el matrimonio. Él respetaba mis valores y lo amaba por eso. A mis treinta y un años era virgen y finalmente... llegó mi día que tanto deseaba. Disfrutamos la ceremonia de compromiso como una familia. Tomamos muchas fotos, brindamos y celebramos. Me sentía muy feliz.

Para mayo, decidí planear un viaje sorpresa a Puerto Rico para ver a mi familia, pues no los había visto hacía doce años. Cuando volvimos a casa, comencé a planear la boda, pero volví a enfermarme. Fui ingresada nuevamente en el hospital por una semana. Me transportaron de un hospital local cerca de mi casa a un hospital en la ciudad de Temple, Texas, donde estaban ubicados los médicos especialistas. Cuando salí del hospital, continué planeando la boda.

El gran día finalmente había llegado. Después de un año de relación nos casamos en agosto 2015. Celebramos nuestra boda en la residencia de mis pastores. Me encantan las cosas simples, así que no exageramos con la decoración de la boda. Los colores de nuestra boda eran crema y dorado y mi mamá y yo hicimos todas las decoraciones y detalles de ese día especial. Tenía un vestido crema muy bonito y una lista de invitados de cincuenta personas en total. Fue una boda y una celebración hermosa de principio a fin. Ese día estará grabado para siempre en mi memoria.

Como había expresado anteriormente, me había estado guardando para mi futuro esposo. ¡Al fin llegó! La noche de bodas y una vez consumado el acto, se dio la vuelta y se durmió. Me sentí como, ¿Qué? ¿Esperé todo este tiempo por esta basura? Fue horrible. Él tenía treinta y cuatro años en ese momento. Sabía cómo ocurrían las cosas en el dormitorio. Pensé por mí misma: ¡Por el amor de Dios, muestra algo de esfuerzo! No hizo nada para que esta noche fuera especial para mí. Él sabía que era virgen y que tenía grandes expectativas. Mi noche de bodas fue un fracaso total y me preguntaba en qué me había metido.

Era temporada de huracanes y no quería arriesgarme en un crucero, así que fuimos a Las Vegas para nuestra luna de miel. Mientras estábamos en Las Vegas, afirmó que tenía un problema de sinusitis que yo desconocía. Fuimos a una farmacia cercana y compramos Afrin, un aerosol nasal que alivia la congestión. Soy enfermera y sabía que hubo casos que las personas se volvieron adictas a este tipo de medicamento. ¡Estaba usando constantemente el Afrin y consumió la botella entera en un día! Estaba completamente asustada. Me preguntaba si alguna vez

La Mañana Siguiente...

había experimentado con cocaína; consumir una botella llena de Afrin en un día no es normal. Traté de esconder el medicamento y él lo buscó hasta encontrarlo. Terminamos comprando más y le pregunté: "¿Por qué?". Me dijo que tenía una congestión severa. Lo dejé ahí y no dije nada al respecto. Definitivamente, este incidente jamás lo podría olvidar.

Poco sabía, que el incidente con el aerosol nasal era otra bandera roja. En septiembre, noté que tenía dolores de estómago ocasionales e inusuales. El volvió a perder su trabajo. Era enfermera registrada en Fort Hood y ganaba una buena suma de dinero. Así que él ¡No tenía prisa por encontrar otro trabajo! Allí me encontraba trabajando en un ambiente que odiaba por el estrés que conllevaba, solo para volver a casa con un hombre que estaba sentado en el mismo lugar que estaba cuando salí a trabajar y no hacía nada en la casa. Supuse que él necesitaba un poco de ayuda, así que eso fue lo que hice. Le ayudé a crear un "resumé" y completar solicitudes de empleo, pero no surgió nada. Mi teoría era que su trabajo anterior no quería darle los días libres para nuestra luna de miel, y él de todos modos se fue de viaje. Como lo hizo sin la aprobación de su trabajo, fue despedido.

En noviembre, los dolores de estómago se volvieron severos. Al menos eso es lo que pensé que era. Fui al médico e inmediatamente ordenó una sonografía. Este estudio mostró que tenía un pólipo en la vesícula biliar y posibles piedras en la vesícula. El dolor fue tan intenso que sentía alivio acostándome en posición fetal. El doctor me refirió a un Cirujano General, quien me informó que era una posibilidad que pudiera tener que someterme a una cirugía. Estaba muy preocupada debido a mi reciente combate con presión arterial muy baja. También estaba bajo bastante estrés. El Cirujano General me explicó lo que el estrés le estaba haciendo a mi cuerpo. Yo sabía que Dios tenía el control, pero también soy un ser humano. Tenía miedo de no sobrevivir a la cirugía. Parecía que mi salud había empeorado desde que me casé. Durante ese tiempo, mi esposo me preguntó si no me molestaría que él viajara a Puerto Rico nuevamente durante dos semanas para visitar a sus hijos. Pensé, ¿hablas en serio? Ni siquiera tienes trabajo. ¿Se supone que debo pagar por eso también? Yo estaba trabajando muy fuerte para asegurarme de que todas nuestras responsabilidades financieras mensuales fueran satisfechas; mientras tanto, él está hablando de tomarse un "tiempo para si mismo". Además de eso, estaba teniendo problemas de salud que probablemente necesitaría cirugía. No pude evitar pensar: ¿Hablaba en serio?

    Después del gran argumento que tuvimos sobre su idea de ir a Puerto Rico, él se desapareció. Era una tarde lluviosa y no sé con quién se fue porque ya le había dicho que no podía usar mi carro. Tal vez conducía el automóvil o la motocicleta de su cuñado. No supe nada de él mientras estuvo fuera. No tenía idea de dónde estaba. A medida que pasaba el tiempo, revisaba constantemente el reloj y mi teléfono, esperando una llamada o un mensaje de texto para decirme a dónde se había ido y si estaba bien. Una hora se convirtió en dos, dos horas se convirtieron en diez horas y comencé a preocuparme por su bienestar. Llamé a mi mamá para decirle lo que estaba pasando y expresarle mi preocupación. ¡Su acto de desaparición continuó durante treinta y dos horas! Cuando mi papá se enteró de lo acontecido, le envió un mensaje de texto a mi esposo y le dijo que necesitaba hablar con él lo antes posible. Él le contestó a mi papá que "no podría ir hablar con él porque estaba lloviendo". A mi papá no le importó y le dijo a mi esposo que tenía que ir a su casa de inmediato. Él llegó a la casa de mis padres y hablamos sobre los problemas que estábamos teniendo. Confié en mis padres con mis problemas matrimoniales. Mientras estábamos hablando, le dije que quería conocer a sus hijos. Nunca los había visto antes porque vivían en Puerto Rico. Estuvo de acuerdo y planeamos un viaje a Puerto Rico para febrero 2016. ¡Genial! Ese problema "se resolvió", pero el peso financiero de todo todavía estaba sobre mis hombros.

A pesar de continuar con mi condición de salud, no me pude recuperar totalmente porque tenía responsabilidades financieras, ya que él no tenía trabajo. La mayoría de los hombres están preocupados cuando pierden su trabajo o no pueden cumplir con sus responsabilidades financieras. Parecía estar mucho más relajado de lo que esperaba. Fui forzada a mi nuevo papel como "cabeza del hogar". Me fui a trabajar, así podía proveer el pan de cada día para mi hogar; en otras palabras, pagaba todas las cuentas, limpiaba, cocinaba, lavaba la ropa, etc.

Estaba casada, pero todas las responsabilidades del hogar descansaban sobre mis hombros. Expresé mi disgusto por cómo iban las cosas reiterando que él no estaba trabajando; lo menos que podía hacer era ayudarme en la casa. ¡Pero no estaba haciendo absolutamente nada... increíble!

Las cosas se mantuvieron como estaban sin cambio alguno en su conducta. La temporada navideña estaba en pleno efecto y mi cumpleaños se acercaba. Llegó el mes de diciembre y decidimos ir a comer a Olive Garden. Discutimos esa noche y esa fue la primera vez que se mencionó la palabra 'D' - Divorcio. Ambos mencionamos divorcio durante la discusión. Estaba frustrada. Él estaba desempleado desde agosto. ¿Cómo se suponía que debía sentirme? Mi trabajo era estable, pero no estaba preparada para ser el único sostén de la familia. Si ese fuera el caso, ¿por qué me casé?, ¿para qué me casé? Además de todo eso, no era feliz en mi trabajo. Como yo era la única con ingresos, no era el momento de pensar en otras opciones de empleo. Necesitábamos mantenernos a flote, y yo tenía que ser quien nos mantuviera. Explorar otras oportunidades no era una opción.

Pensé que hice esto bien. Pero varios meses después del matrimonio, descubrí que me casé con un hombre y me llevé a casa un niño. Me preguntaba si alguna vez se iba a levantar del mueble y hacer su parte. El papel del hombre es de proteger, ayudar, amar y respaldar a su esposa, ser el sacerdote de la casa, pero a él no le importaba; él quería una madre con los privilegios maritales. No me sentía cómoda viviendo como esposa y esclava de mi esposo. No podíamos continuar de esta manera; yo siendo el varón y la mujer de la casa, el 100% del tiempo. Sentí que me usaba. Es decir, pensó que, dado que se casó con una mujer que estaba haciendo una buena cantidad de dinero, podría costearse toda su vida, sus caprichos y sus placeres a cuenta de mis sacrificios y mi deseo de superarme.

 Llegó la temporada navideña y poco después en la víspera de Año Nuevo, se suponía que íbamos a asistir a una reunión familiar. En cambio, tuvimos otra discusión. Pasar tiempo con la familia representaba la unidad. Pero parecía que cada vez que íbamos a asistir a una reunión familiar, el diablo surgía, causando tensión, división y distancia entre nosotros. Con toda honestidad, mi esposo quería aislarme de mi familia. No quería que fuera a la casa de mis padres tan a menudo y no quería asistir a las actividades familiares conmigo. Ahí va su comportamiento causándome confusión otra vez. Pensé que era un hombre de familia. Por lo tanto, no podía entender por qué estaba en contra de que pasara tiempo con mi familia, ya fuera de forma individual o colectiva. Yo estaba perdida. Siempre tuve una buena manera de explicar su postura o suavizar las cosas. Como ser humano manipulador, él no podía imaginarse que él era el culpable. Siempre usaba los términos manipuladores… "tu nunca pasas tiempo conmigo", o me decía "que yo siempre tomaba sus ideas de forma equivocada", o "eso no fue lo que quería decir". Mi esposo era egoísta. Él no era hijo único, pero si el único varón. Tenía cuatro hermanas, lo que era una gran parte del problema. Dos de las hermanas no las había conocido porque no vivían en Texas. Una de sus hermanas trabajaba y vivía en la ciudad de Temple, Texas. Ella y yo teníamos una buena relación. Su otra hermana manteníamos una relación cordial. Como mi esposo tenía cuatro hermanas, estaba acostumbrado a que hicieran todo por él. Pero no me casé para ser su esclava, hermana o madre. Necesitaba un hombre con sus pantalones bien puestos, trabajador, amoroso, comprensivo y buen proveedor para nuestra familia.

Ahora es febrero 2016 y él había encontrado un trabajo de asistente para un contratista en la ciudad de Georgetown, Texas. Hacían trabajos manuales, pequeñas reparaciones y jardinería en casas muy elegantes. Todo parecía estar muy bien hasta que un día llegó a casa y encontré unas pastillas sin identificación en el baño de la visita. Proseguí a preguntarle de dónde venían o como las había obtenido. Me dijo "que los obtuvo de un compañero de trabajo". Era muy escéptica, no confiaba en él, así que tomé una foto del medicamento y le pedí a una amiga mía (que era enfermera practicante) que investigara las píldoras por mí. Mi amiga me contactó para hablarme sobre las pastillas. Dijo que las había comprado en línea y que venían de Tailandia. Me pregunté a mi misma… ¿Qué? Todavía estaba preocupada por lo que había dentro de la cápsula. Más adelante en el mes, lo encontré drogado en nuestra habitación balanceándose de izquierda a derecha, y con los ojos en blanco. Estaba muerta de miedo. Nunca había estado expuesta a una persona adicta o bajos los efectos de las drogas. Crecí en un hogar con valores y respeto. No teníamos todo, pero teníamos lo necesario. Este era un

La Mañana Siguiente...

territorio nuevo para mí. Llamé a mis padres, les dije lo que estaba pasando y les pedí consejo sobre lo que debía hacer. Mis padres solo vivían a diez minutos de mi casa. Estaban preocupados por mí, así que se apresuraron ir a mi casa. Necesitando salir de allí, comencé a empacar, pero él no me dejaba ir. "No vas a ir a ninguna parte", me dijo. Yo sabía que no podía detenerme debido a que estaba drogado, y se lo dije. Reiteró: "Tú no vas para ningún lugar y te quedas aquí!!!". Estaba aterrorizada y quería irme, pero tampoco estaba dispuesta a pelear. Le dije: "Está bien". Con un millón de pensamientos en mi mente, esa noche dormí con mucho temor, orando al Señor que nada malo me sucediera. Había visto suficientes cosas durante mi carrera de enfermería para asustarme. Era la primera vez que lo veía así. ¿Quién sabe lo que sería capaz de hacer?

A la mañana siguiente actuaba como si no hubiera pasado nada. Todo volvió a la normalidad. No lo discutimos. A decir verdad, ni siquiera sé si recuerda lo sucedido de la noche anterior. Nunca pensé que me casaría con un vago, manipulador y ahora también drogadicto. Mis padres estaban pasando por una variedad de emociones y preocupados por el bienestar de su hija. Mi esposo se había transformado en alguien diferente, alguien que no conocía. Nunca había visto este comportamiento mientras estábamos saliendo. Estábamos perplejos de cómo nos engañó. Una vez nos casamos, quien era en realidad comenzó a surgir.

Después de ese incidente, siguió trabajando aproximadamente un día o dos por semana. Le pagaban en efectivo y nunca veía el dinero. Ni siquiera hizo un esfuerzo para ayudarme a pagar las facturas que se acumulaban mensualmente. Supongo que lo estaba gastando en pastillas. El mes de abril llegó y celebramos el cumpleaños de mi mamá. Después de su fiesta, discutíamos como solíamos hacerlo cuando surgían las reuniones familiares. Discutimos sobre cosas pequeñas como, por ejemplo, el no entendía por qué había más de un pastor en la iglesia (es decir: pastor asociado, pastor de niños, etc.). Traté de explicárselo y eso no salió bien. En ese momento, estábamos discutiendo mucho y la tensión se estaba acumulando entre nosotros. El trece de abril, empacó todas sus cosas y se fue. Al día siguiente, regresó a pedirme perdón y si lo aceptaba nuevamente en mi casa. ¡Le dije que no! ¿Que iba a pasar cuando tuviéramos un crisis o situaciones de peso? ¡Me vas abandonar otra vez! No puedo seguir en esta situación. ¿Y si tuviéramos un hijo? Necesitamos estabilidad. No quería dejar mi futuro a alguien que fuera como las olas del mar; yendo y viniendo. Él estaba llegando a los cuarenta y necesitaba madurar. Le dije que necesitaba tiempo para pensar y orar sobre todo lo acontecido. Él se levantó rápidamente y disgustado, dejándome con una impresión cuestionable sobre su carácter como hombre.

    Meses después de su abrupta partida, sin saber nada de él, no pude soportarlo más y solicité el divorcio. Obviamente, tuve que pagar por el divorcio. El abogado encargado de mi divorcio, me recomendó enviar los papeles a la casa de su hermana, ya que él seguía desaparecido. Era la única dirección a la que podía enviarlo. Cuando los documentos fueron revisados por su hermana y su esposo, ellos fueron

La Mañana Siguiente...

a la oficina de mi abogado y le dijeron que mi esposo no estaría de acuerdo con los términos. Supongo que ellos eran sus defensores. No quería pagar nada en absoluto; ninguna deuda adquirida durante nuestro matrimonio; por el juego de cuarto, el pago del auto o los anillos de bodas. Mi abogado me informó que, si no estaba de acuerdo con mis términos, sería yo la responsable de la carga financiera de todo. Me dejó aproximadamente con $30,000 en deudas.

En julio, un mes después de solicitar divorcio, hubo una serie de eventos que me llevaron a creer que me estaba siendo infiel. Decidí limpiar mi casa y sacar todo lo que le pertenecía a quien pronto sería mi exmarido. Limpiando el closet del cuarto, encontré unos pantalones de mujer para hacer yoga demasiado grandes para ser míos. Antes de pensar que también me estaba siendo infiel, llame a mi mamá y le pregunté si ella había dejado por error unos pantalones de yoga en mi casa. Mi mamá me contesta: "Beba, tú sabes que yo no uso ese tipo de ropa, además son demasiado de grande. Tú sabes que esa no es mi talla". También llevé el automóvil que él usaba con frecuencia para que lo limpiaran antes de venderlo. Las personas a quien pague para limpiarlo me devolvieron todo lo encontrado en el auto. El auto quedó inmaculado pero mi mente estaba destruída en ese momento; una sombrilla femenina y un lápiz labial rojo. Yo no uso lápiz labial rojo, ni sombrillas. ¿De quién son estos artículos, más el pantalón de yoga? No podía dejar de pensar que en tan corto tiempo este hombre que decía ser mi esposo además de vago, vividor, mentiroso, manipulador, también me estaba siendo infiel. Estaba perpleja y con un gran dolor en el pecho, como un cuchillo que era clavado una y otra vez sin parar. Estaba devastada. Mientras tanto, llegaron noticias sobre los términos del divorcio. Quería que él me ayudara a mantener los pagos de mi auto. Él se negó y le dije que me devolviera mi auto. Cuando lo confronté sobre el lápiz labial, la sombrilla, y los pantalones de yoga, me dijo que pertenecían a su hermana. Sabía que era una mentira y no era necesario que discutiera con él al respecto.

En medio de todo este autodescubrimiento y divorcio, también encontré un nuevo puesto como enfermera viajera. El puesto me prometió $1500 por semana. Con mi déficit financiero, podría usar el dinero. Firmé un contrato de tres meses y me enviaron a la ciudad de Austin, Texas, tres veces por semana. Guiaba alrededor de una hora para llegar al trabajo. Estar soltera nuevamente me dejó mucho tiempo para pensar. Realmente comprendí que Dios no me envió a mi ex esposo, esa fue mi elección. Tuve que sufrir las consecuencias de no confiar y esperar en Dios.

Compré mi casa cuando tenía solo veinticuatro años. Estaba sola y deprimida durante ese tiempo. Había visto a mis amigos y a mis compañeras casarse y tener hijos antes que yo. Incluso vi a mi hermano menor casarse antes que yo. Estaba muy feliz por él, pero aún sentía un vacío en mi propia vida. Soy hispana y, según la comunidad hispana, se suponía que debía casarme pronto. Quería esa vida para mí. Quería matrimonio e hijos como la mayoría de la gente. Pero eso no era algo que pudiera comprar en la tienda. Tener un matrimonio saludable e hijos felices es algo que lleva tiempo cultivar.

En mi cultura, la ideología es que debes casarte después de la secundaria. Incluso en Puerto Rico, presionan por el matrimonio, no por la universidad. Me consideraban no tradicional para ellos. Hice todo al revés. Pero en mi corazón, sé que estaba bien. Yo sabía que quería ser enfermera desde que era una niña en quinto grado. Estudié y trabajé muy duro para obtener mi licencia. Pero en esa búsqueda, también ví a muchos de ellos vivir mis sueños, casarse y tener hijos. En mis veinte años pasé mucho tiempo enojada con Dios por no darme lo que quería en el momento que lo quería. Tuve la oportunidad de salir y tener citas por un corto tiempo. En esas pocas citas me di cuenta que esos varones no eran para mí. No tenían lo que estaba buscando como mujer. También llegué a pensar que no era atractiva y nadie me iba a querer por mi forma de ser.

Una vez que cumplí mis treinta años, dejé de preguntarle a Dios cuándo sería mi turno. Durante mi matrimonio, viví varios tipos de abuso; abuso mental, financiero, emocional y mi salud física deterioró. Mi matrimonio fue una experiencia traumática para mí. En mi toma de decisiones, estaba siendo orgullosa. Tomé el asunto en mis propias manos y no esperé aprobación de Dios. Pagué mucho por esa elección. Por otro lado, encontré la paz y mi salud comenzó a mejorar después del divorcio. Ya no estaba estresada. Me lo debía a mí misma, luchar por un mejor estado emocional.

Quiero que las mujeres sepan que seguir a Dios no es un castigo y que Su tiempo es perfecto. No pude verlo en ese entonces. Sigue y confía en Dios sin importar cuánto tiempo tome. Incluso cuando no entendemos sus planes. Cualquier promesa que Dios te ha hecho, Él la cumplirá en Su debido tiempo. Estaba atrapada comparando mi vida con la de otras personas. Deseaba tanto lo que otros tenían, creyendo que no había nada mejor para mi, me apresuré casándome con la persona equivocada y me costó mucho. Como resultado, estaba pasando por un divorcio, con un hombre con muchas adicciones, que no supo, ni podía amarme como yo necesitaba que me amaran. El amor perfecto que proviene de Dios, tal y como lo explica en 1ra de Corintios 13, verso 4.

Sin embargo, a partir de esa experiencia, encontré mi propia fuerza en Cristo. Dios renovó mi mente y mi confianza. Dios usó todo lo acontecido para que actuara con valor y salir de esa relación tóxica que me estaba consumiendo. Encontré mi voz y era más clara y más fuerte que nunca. Estoy muy orgullosa de mí misma y de mi crecimiento como mujer. Este viaje me enseñó a no dar por sentado las muchas fases de la vida a través de las cuales crecemos. Aprendí sobre mí y aprendí a amarme tal como soy. Muchas mujeres pasan por la angustia y las dificultades de la vida y así descubren quiénes son realmente. Son esas malas experiencias que nos moldean y nos hacen crecer más y ser más fuertes. Sí, mi matrimonio falló, pero me convertí en una mejor mujer en el proceso. En mi opinión, eso vale más que mi peso en oro.

Estoy más que agradecida por todo lo que el Señor ha hecho en mi vida. Tantas veces cuando me sentía derrotada, rechazada y a veces abusada, el Señor me dio las fuerzas para seguir hacia adelante y triunfar porque nunca me rendí ante el fracaso. He decidido escribir este breve resumen de una temporada que viví con el propósito de alentar a muchas mujeres que hoy día están pasando por esta o semejante situación, para que no caigan en la misma trampa que caí yo. Quiero decir a todas las mujeres que son piedras preciosas ante los ojos de Dios y son tesoros del reino celestial. Aunque creas que nuestro Señor se ha olvidado de sus promesas, no es así. Todo lo que Él promete, lo cumple a Su tiempo, porque el tiempo de Dios es perfecto. Solo espero en Dios, que estas experiencias que viví, les sirvan de aliento, de motivación, como si fuera un reto a ti misma a salir hacia delante, a vencer todo el obstáculo que el enemigo ponga en tus caminos. Al final de tu jornada, Dios cumplirá Su propósito en tu vida como lo hizo conmigo. Hoy vivo felizmente casada con un varón enviado por Dios para sanar mis heridas. Mi Dios es fiel y nunca me ha fallado y nunca me fallará. Soy muy feliz como nunca antes lo fui y todo se lo debo a Él… a mi Dios sea la gloria!

¿Ves esa primera foto? Era una mujer llena de esperanzas y sueños. Tan emocionada que uno de sus sueños se estaba haciendo realidad, emocionada por el futuro. Lista para nuevos comienzos.

¿Ves esa segunda foto? El hombre de sus "sueños" los destrozó. Era noviembre 2016, pesaba cien libras empapadas. No porque quisiera perder peso, sino por la inmensa cantidad de INFIERNO que había atravesado. Se había consumido físicamente ... quedaba muy poco de ella. Todo se había ido; cada sueño, cada deseo.

Después de todo, el diablo no viene a ti con su 'cara roja y cuernos', viene a ti disfrazado de todo lo que siempre habías deseado.

¿Ves esa tercera foto? JAJAJA... DIOS !!! Mi Dios es un Dios de restauración. Él es mi Redentor, mi Príncipe de Paz, mi Torre Fuerte, mi Consejero Maravilloso, mi Proveedor. NO HAY MANERA de que yo hubiera podido llegar tan lejos sin Él. Esta experiencia se convirtió en la base sólida sobre la que ÉL reconstruyó mi vida. ¡Dios me recuerda que soy una Guerrera... una Vencedora... una Sobreviviente!

Seguí los pasos de mi madre, me casé y divorcié de mi esposo tal como ella lo hizo con mi padre.

-Carmen Hernández

CUANDO EL AMOR NO ES CORRESPONDIDO

Por: Carmen Hernández

Yo, ser resilient jamás lo hubiera pensado de mí. Cuando entendí que su significado es la habilidad de recuperarse y ajustarse a los cambios especialmente en situaciones difíciles. Wow! Como haberlo imaginado, pero si lo he sido. Toda mi vida he luchado con duras batallas, inclusive con depresión y tristeza. Parecía que todo era difícil. Mi matrimonio era un reto y mis hijos no fueron fáciles.

    Conocí a mi esposo en Julio del 1975, yo tenía 15 años y el 21. Yo vivía en un complejo de apartamentos. ¡El venía a jugar baloncesto y cuando lo vi quede impactada con su físico! No sé cómo, pero me gusto y yo misma me acerqué a él y le dije, "Hola mi nombre es Carmen" y el se presentó de igual manera "mi nombre es Néstor mucho gusto". Desde ese momento comenzamos a conocernos. Cada viernes nos sentábamos a hablar queriendo conocernos mejor y a nuestras familias. Al poco tiempo nos hicimos novios. Al cabo de casi cuatro años quede embarazada y decidimos casarnos en septiembre 9, del año 1978. Me case llena de ilusiones y amor con gran esperanza de una vida llena de "felicidad". ¿Cuál sería mi gran sorpresa? Para este tiempo yo tenía casi 19 años y estaba estudiando enfermería en la universidad, la cual siempre fue mi sueño ayudar a los demás y amaba esa carrera intensamente. Pero, al estar embarazada mi esposo me insistió que dejara mis estudios a solo seis meses de haber empezado. No fue fácil, pero tuve que hacerlo. Mi mamá siempre se preocupó por el que dirá la gente y para ella fue muy difícil que su hija tan joven estuviera embarazada. Si recuerdo que mi mamá tomó la noticia de que yo estaba embarazada más fuerte que mi papa. Mi papa solo me dijo cásate y así fue. Nunca olvidaré como la noticia de mi embarazo llego a oídos de mi mamá, por supuesto el miedo embargaba mi vida, pero mi hermana Mercedes con su temperamento fuerte y decidida tomó mi lugar y se lo dijo. Fue devastador para mi madre, yo su hija había caído en las manos de un hombre que a ella no le gustaba para nada. Lágrimas, muchas lágrimas y gritos salieron de su boca. El miedo de cómo yo iba a enfrentar esta situación y la tristeza tocaban a mi corazón.

Mi vida era un caos; cuando crecí vivía con una mamá de carácter fuerte, perfeccionista que demandaba una conducta intachable. Que podría hacer, obedecer y adaptarme a aquello que no podía cambiar o revelarme. Quien diría que eso marcaría mi vida por siempre. Nuestra primera enseñanza es la formación que hace la diferencia.

CUANDO EL AMOR NO ES CORRESPONDIDO

Cuando jovencita fui muy insegura y miedosa. Ese sentimiento siempre me persiguió, inclusive mis decisiones fueron basadas con miedo; tuve que enfrentarlo o lo hacía o me quedaba estancada. Suena extraño pero el miedo, siempre ha estado presente en cualquier situación en mi vida. Con todo y eso no me ha impedido enfrentarlo, aunque en muchos momentos y situaciones tenía que probarme a mí misma que si tenía coraje.

Mi madre nos crió sola después que se divorció de mi padre. Su vida no fue fácil, éramos tres niñas y tuvo que trabajar muy duro. No hubo tantos abrazos y besos, pero si hubo el sacrificio. Aunque en muchas veces no estaba de acuerdo con su disciplina fuerte y eso me frustraba, pero siempre la respete como mi madre y ayudaba en todo lo que se requería de mí. Mis hermanas tenían un carácter más fuerte y luchaban contra eso, pero yo siempre prefería mantener la paz. Nunca me gustaban los conflictos, porque no quería ofender a nadie. Siempre fui tímida y callada. Pero eso sí, siempre valore su sacrificio, su trabajo y su deseo de ser la mejor mamá, porque nunca nos faltó nada. Y cuidado que nos portáramos mal su corrección siempre llego a tiempo. Gracias a ella fuimos y somos grandes mujeres educadas y nunca tuvimos problemas en el cual ella tuviera que avergonzarse de nosotras. Al final de todo aprendí a amarla, fuimos cercanas y pude apreciarla más como mujer. Ella nunca separó las familias a pesar de su divorcio. Siempre todas estuvimos unidas a la familia de mi papa. Y eso gracias a ella. Ella dio más de lo que tenía sin recibir nada a cambio, sin quejarse, al contrario, eso fue lo que aprendí de ella. Dar para mi es parte fundamental de lo que soy hoy día. Cuando hoy me veo en el espejo, veo tenacidad y persistencia para seguir adelante gracias a mi mamá.

Mis padres fueron muy convencionales en cómo trabajar con sus propias situaciones. Pero ningún matrimonio es perfecto y cada pareja los resuelve a su manera. Se casaron, se divorciaron y volvieron a casarse otra vez. ¿Muy raro sí?, pero así sucedió. Mi padre fue muy mujeriego, mi mama misma nos contó que pudo verlo, esto no fue fácil, pudimos ver el entra y sale del hogar. Eventualmente mi padre se fue con otra mujer y mi mamá termino aceptándolo y se divorció. El amor no fue correspondido. Mi madre jamás volvió a casarse de nuevo lección aprendida. Su enfoque fue trabajar por nosotras tres y luchar sola. Pero continuó fuerte hasta el final de su vida. Su fuerza y determinación fue un gran ejemplo para nosotras.

Me gradué de Escuela Superior en el 1978 y ahí después emprendí mi vida de esposa. Viví con mi esposo en un pequeño apartamento sencillo solo un cuarto, cocina y baño, pero yo feliz por lo menos eso creía. Entonces comencé a vivir una vida que empezó abrir mis ojos. Mi esposo al que tanto yo amaba bebía mucho alcohol. Salía con sus amigos y se despreocupaba de mí, fue aquí cuando empecé a sentir que el amor no era correspondido. Él trabajaba, pero me di cuenta que comenzó a tener arrebatos de mal humor. Recuerdo aun estando embarazada le pedí un helado y recibí una bofetada en mi rostro, ese fue mi primer abuso físico, fue devastador creo que lloré toda la noche. Pero, quién me podía explicar que el amar intensamente lo perdona todo. Tenía que seguir adelante no importando que. El trabajo de mi esposo no estaba sufragando todos nuestros gastos y debido a eso tuve que regresar a vivir a casa de mi madre. Ya había vivido en la casa de mis suegros anteriormente y fue ahí donde descubrí cuan disfuncional era la familia de mi esposo. Vivir con mi madre no era fácil, ella no me hablaba su silencio me dolía intensamente y creo en mí una ansiedad intensa que me provocó cambios de ánimo y provocó en mí un estado de culpa que me llevó a un terrible estado de depresión. Yo que siempre quise mantener la paz tuve que adaptarme y ser sabia y comprender su dolor también. Por fin llegó el día esperado, mi hijo Luis Javier llegó a este mundo en Marzo 3, 1979. Que alegría aún recuerdo la celebración de su padre llegar al hospital borracho pero muy contento esto era normal para ese tiempo. Mi niño era pequeño mi muñequito hermoso solo peso 5lbs y 9oz hasta miedo me daba de cogerlo pues se veía tan frágil. Mi niño fue la alegría de la casa, mi hermana Mercedes me ayudaba mucho porque desarrollé una depresión post parto, fue real lloraba mucho pero poco a poco lo pude sobrepasar y me di cuenta de la bendición tan grande de ser mamá.

Mi niño llenaba todos mis vacíos, mis tristezas y mi soledad. Un regalo del cielo el amor de mi esposo no era correspondido pero el amor de mamá llenaba mi vida. Mi mama adoró a mi niño desde el principio y empecé a notar cambios positivos en ella, lo cual eso provocó en mí una gran alegría. Mi esposo por fin encontró trabajo y pudimos mudarnos a nuestro propio apartamento, que bueno pensé, estabilidad en mi propio lugar. Como una joven puede saber que los momentos difíciles llegarían. Estar juntos mi esposo y yo con un bebé que requería atención, fue muy difícil para mi esposo pues el no lo comprendía. Nuestra vida siguió con las mismas situaciones. El muy perfeccionista, demandante y con una manera de pensar cerrada y machista. Su carácter fue difícil de soportar pues el querer tener control de todo interrumpía el amor que se supone estuviera. Cuando yo reclamaba algo entonces el abuso verbal era su defensa. Me decía: "¿Cómo es que no cocinas bien? ¿No me vas a servir la comida? Te ocupas más de tu hijo que de mí, tú no haces nada en esta casa". Típico hombre controlador que nunca está contento con nada. Mi vida con él era retante, pero lo amaba y aceptaba mi realidad. Sabía que era un error el haberme casado con él, pero era mi hogar y mi esposo.

 Pasado dos años la vida con él era insoportable y después de tanto sufrir, decidí que era mejor separarnos, que nuestra vida sería mejor así. El no tomó muy bien lo de la separación, expresaba que no se iría a ningún lado. Su oposición era real, su enojo también. No fue fácil esta transición pues el no cooperaba con nada. El se iba de la casa por unos días y después regresaba reclamando su casa y esposa. Mi suegro pudo ayudarnos al hablar con él y convencerlo de que se enlistara en el ejército de los Estados Unidos. Esta fue la mejor decisión de su vida. En el tiempo de su entrenamiento militar el divorcio fue finalizado. Yo me quedé en el apartamento y conseguí trabajo de oficina en San Juan. Realmente me sentía libre, me sentía útil y realizada. Mi esposo y yo nos comunicábamos solo por teléfono para saber de nuestro hijo. Nada me faltó, con mi trabajo, cupones de alimentos y lo que el me mandaba de sustento vivía muy bien y era feliz. Y continuaba luchando para salir adelante junto a mi hijo que fue un reto que logré.

Después de 9 meses mi esposo regreso de vacaciones de su entrenamiento militar, se fue a vivir con sus padres y antes de regresar a su nueva asignación de trabajo, un día mi llego a visitarme y expresó su amor hacia mí, diciéndome que yo era la mujer de su vida, que teníamos un hijo que criar y salir adelante como matrimonio. Indicó que estaba dispuesto a ser el mejor hombre, padre y esposo. Tuve miedo, tuve dudas, pero mi corazón estaba comprometido con él. Ese deseo de tener un hogar una familia era un sueño para mí. Después de un año de separados, lo perdone y nos casamos nuevamente para empezar una nueva vida militar. Salí de Puerto Rico para su primera asignación de trabajo en Panamá. Llegue confiada, contenta y con una disposición de que todo iba a ir mejor. Ahí me di cuenta que seguí los pasos de mi madre, seguí sin querer ese mismo patrón de casarme nuevamente con la misma persona. Uno no se imagina, lo que la vida tiene preparado para uno. Estar fuera de mi país fue un reto, extrañaba mi familia, mis hermanas, en fin, todo, tenía que adaptarme a mi nueva realidad. Ser independiente, aprender inglés, y conocer la vida militar. Pero con resiliencia y fuerza escondí mis miedos y seguí adelante. Conocí una amiga llamada Sandra nos hicimos buenas amigas y decidimos entre las dos aprender y crecer como esposas militares. Mis diferencias con mi esposo fueron notables, la vida militar era demandante en aquellos tiempos el soldado requería ser soldado casi las 24 horas al día. La demanda era grande. Su carácter se hacía más difícil, sus exigencias eran más fuertes. El era un proveedor excelente pero su manera de comunicarse seguía siendo errónea. Nunca pensé en la raíz de nuestros problemas, me olvidé de mis traumas, solo seguí en amor. La paz guiaba mi vida y eso era lo que más yo anhelaba, pero nuestras personalidades eran diferentes. El abuso emocional continuaba, era un ciclo que no se rompía con nada ya se había hecho parte de mi hogar. Yo me separaba, lloraba, sufría, pero cuando me calmaba volvía a ser paciente. Al pasar años juntos es una historia vivida, como terminarla, ¿cómo? Creo que esa era parte de la razón por la cual no decidíamos la separación. Se mencionaba el divorcio, pero solo cuando estábamos enojados, pero no pasaba nada. En el año 1982 nació nuestro segundo hijo Carlos Emanuel, el nuevo regalo del cielo para mí. Para el año 1985 perdí a mi hermana mayor Wilma fue muy traumante para mí. Ella estaba embaraza con su primer bebé y el proceso de su parto fue muy complicado y los dos ella y su bebé perdieron la vida. Sentí como si me arrancaran un pedazo de mi corazón. Pasar por ese proceso me llevó de nuevo a una tristeza y una profunda depresión. Tuve que regresar a mi casa en Panamá y seguir con mi vida, sabiendo que me encontraba embarazada de mi tercer hijo. Una vecina llamada Vilma Gómez la cual conocía hacía unos meses me habló de Dios y vine a los pies del Señor y lo acepté como Señor y salvador de mi vida. Jesús llegó a mi vida en el mejor momento. El recurso espiritual que necesitaba. El comenzar al conocerlo y aprender de su palabra abrió mi corazón como un bálsamo. Al venir a Señor y comenzar a asistir a la iglesia trajo batalla en mi hogar porque el no compartía la misma idea. Lo que iba aprendiendo de la palabra de Dios lo aplicaba a mi vida diaria y me ayudaba a conservar la paz en medio de la batalla que vivía. Unas de mis mejores virtudes es ver lo mejor de cada persona y así viví, tratando de ver lo positivo de mi esposo. Jamás pensé o aprendí que también tenía que pensar en mí. Todo el tiempo luchaba por hacer felices a mis hijos y esposo. Siempre pensaba que el amor de Dios sería más fuerte que el dolor. Con el tiempo empecé a cambiar dentro de mí, encontré en Dios eso que me faltaba dentro de mi espíritu, mi vida y mi corazón y la manera de verme yo misma. Dios me estaba transformando y ya no era yo la mujer aquella que era antes de conocer a mi Jesús. Lo tímido en mi empezó a hablar y expresarse ahora exigía mis derechos de ser tratada con respeto y amor empecé a creer que merecía lo mejor, quería silenciar las voces a mi alrededor y concentrarme en mis sentimientos. Pero, no veía cambios en mi hogar y hasta la iglesia me cansaba a veces porque no veía el resultado deseado. ¿Sería falta de fe? Estaba triste no podía ignorar eso. Bajo los preceptos de aquellos tiempos dejé de usar pantalones, no me cortaba el pelo obediente y sumisa hasta que un día conocí a una gran predicadora con pelo corto, usada con gran poder de Dios. Entendí que necesitaba ser yo y que no era mi pelo ni mi ropa sino mi corazón y libertad. Comencé a recobrar mi identidad en Dios y ha ser libre. Primer paso para ser yo misma deje que Dios guiara mis pasos. Panamá fue mi escuela ministerial ahí descubrí mis dones uno de ellos adorar al Señor el adorarle me llevaba a una dimensión de gloria al usar mi voz y levantar mis manos fue otra forma de liberación espiritual sentía el gozo, paz y la redención del cielo. Inclusive tuve una gran batalla con mi voz, que tuve que ser operada de mis cuerdas vocales y pensé que perdería mi voz. Otra prueba de miedo y fe simultáneamente. Me acuerdo de estar sentada escribiendo en una libreta, silencio total aprendiendo que solo Dios tenía el control de mi voz. Pude recobrar mi voz y hasta hoy nunca he dejado de usarla para adorar a Dios. Enseñar su palabra fue lo segundo que Dios me llamó a hacer. Quien diría que sería mi otra escuela para derribar el miedo. Mi voluntad me decía siempre hazlo pues Dios seria mi guía y mi fortaleza. Ver mujeres transformadas con la enseñanza de la palabra y con dejar que los pensamientos de Dios salieran por mi boca y edificar y cambiar vidas han sido de bendición a mi vida. Enseñar la palabra de Dios se convirtió en una pasión hecha realidad. Conocí pastores excelentes que eran también maestros y que me ayudaron guiando mi vida.

En el año 1986, nació mi tercer hijo José Manuel el que sigue siendo el bebé de la casa. Otro regalo de Dios. Mi enfoque fueron mis tres hijos los amé y les dedique todo mi tiempo y energía. No fue fácil muchas situaciones vividas con respecto a mis hijos, pero ser determinada y sobre todo mamá me dio la victoria para verlos crecer. El amor aquí fue bien servido pues mis hijos eran mi todo.

En el año 1995 mis hijos estaban grandes y decidí atender la escuela en el estado de Washington. Otro miedo que enfrenté y con la cabeza en alto recibí mi diploma de asistente de maestra del Clover Park Technical College. Que victoria que logró tan grande para mí. Recuerdo que fui a mi graduación sola cuando llamaron mi nombre y me dieron el diploma lo recibí con lágrimas en mis ojos de mucha alegría, pero también de dolor, pues no había nadie conmigo con quien celebrarlo. A mi esposo ni siquiera le importo, el no mostró ningún tipo de interés en mis asuntos de escuela. Para llegar hasta aquí lo hice con sacrificios en medio de nevadas, lluvias y frío me iba en el autobús y llegaba a mis clases y esos sacrificios valieron la pena pues lo logré. ¡Gloria a Dios!

Si tienes una meta trazada en tu vida no dejes que nada ni nadie te detenga que ningún obstáculo te haga rendirte. Ahí empezó mi nueva etapa en el área del trabajo, comencé a trabajar con el distrito escolar y aunque no había practicado inglés fuera de la casa me lancé. Mi primer trabajo fue de asistente de maestra en una High School estaba tan nerviosa pero cada día recobre la confianza en mí misma y lo logré, era como recobrar el oxígeno. Tuve grandes oportunidades trabajando en la biblioteca, con escuela elemental, con programas de después de la escuela y también en el programa de educación especial, donde trabajé con niños diagnosticados con autismo y aun con casos más severos.

Al pasar el tiempo aprendí a manejar y pude comprar mi primer carro. Para poder lograr esto tuve que sobrepasar muchos miedos y temores debido a mis propias inseguridades, pero Dios me dio valentía y pude obtenerlo. Pero no me detuve ahí seguí marchando adelante y cada vez podía lograr una meta más. Recordando que las batallas en mi hogar no terminaban. En San Antonio Texas pude obtener el Asociado en Desarrollo Infantil (CDA) donde tuve la oportunidad de trabajar por 14 años en el centro de cuidados de niños en la base militar Fort Sam Houston y también en Fort Hood TX. Allí, obtuve la posición más alta como maestra principal en el salón de preescolares, fue ahí donde muchos reconocieron mis capacidades y liderazgo. Gracias a Dios que con firmeza y confianza en mí misma hice todo lo posible por ser un verdadero ejemplo de liderazgo en la vida secular. Quién hubiera dicho que la niña miedosa e insegura y tímida llegaría tan lejos. En el año 2014 bajo la dirección de mi Iglesia Destiny en español y bajo la dirección de los pastores López y la pastora María Santiago profesora de la palabra de Dios, obtuve mi Bachillerato en Teología de la Universidad Destiny. Cuan orgullosa me sentí cuando me gradué con honores Cum Laude, el esfuerzo que demostré al máximo por dos años hizo que yo pudiera lograr esta victoria. Estudiar la palabra de Dios me ha llevado a confirmar mi llamado de Dios como maestra de la palabra y ver como por varios años he bendecido a mujeres en su caminar con Dios.

Las situaciones en mi matrimonio no cambiaron y en el año 2016 me divorcié de nuevo. Comprendí que nunca iba a ser feliz con mi esposo, el seguía siendo narcisista y pensaba solo en él y su amor hacia mí no era un amor correspondido. Esta vez fui yo la que me fui de la casa conseguí un apartamento y mis hijos me apoyaron. Me sentía libre, la soledad la disfrute al máximo. Fue un tiempo para mi y Dios donde el calmo mi ansiedad y obtuve paz conmigo misma.

Al año de estar separados poco a poco el fue entrando en mi vida otra vez. ¡Si, otra vez! Puedo entender escribiendo mi historia que mi deseo más grande de mujer era tener el amor correspondido con él. Aquí empecé a ver un hombre diferente, un hombre arrepentido teníamos mejor comunicación veía su deseo de mejorar. Han pasado tres años de que estamos juntos nuevamente. Nuestra relación no es perfecta, pero estamos trabajando para mejorarla solo nos queda mucho por aprender y Dios es el único que puede cambiar una vida que esté dispuesta a hacerlo. No es nuestro trabajo cambiar a nadie. Si Dios y el amor te impulsa a perdonar adelante, dale la oportunidad su palabra dice en Mateo 6-14 "porque si perdonan a otros sus ofensas también los perdonará ustedes su Padre celestial" pero recuerda solo el Espíritu Santo y madurez en Dios lo hará.

Mi historia puede ser diferente a la tuya, pero cada cual tiene su propia historia. Mis luchas han sido grandes y fuertes donde en muchas ocasiones parecía morir, pero Dios siempre despertaba en mí un deseo de seguir adelante, aunque no lo sintiera el me impulsaba a no desmayar. Aprendí a ser fuerte, determinada y con resiliencia lo he logrado. En mi historia el amor no era correspondido, pero cuando el amor de Dios llegó a mi vida, ya no era yo, sino que era Dios trabajando en mi vida. Cuando el abuso emocional ha marcado tu vida, no es fácil el diario vivir solo Dios te confirma cada día que puedes continuar de su mano, y que tu valor como mujer no tiene límites. Dios sana, liberta y llena con su espíritu santo todo nuestro ser. Todavía hay mucho que trabajar, Dios no ha terminado conmigo, pero al final estoy muy agradecida a Dios y orgullosa de todo lo que he logrado, lo que me ha costado y con el dolor que lo he tenido que hacer. Mis lagrimas nunca se perdieron en el camino. Al final es llegar a terminar la carrera que Dios ha determinado para mí con lo cual será para ti también. Sin miedo he contado mi historia porque se que muchas mujeres aprenderán de mí. Quizás hay más que contar, pero el espacio es corto solo Dios es el único que escribe nuestra historia desde el principio hasta el final…. Una gran poetisa y escritora dijo:

"Si tratas siempre de ser normal, nunca sabrás, cuan grande puedes ser"

Maya Angelou

"¡No veía cómo podía escapar de este desastre en el que permití que se convirtiera mi vida! ¿Es así como será el resto de mi vida?"

-Teresa Cartagena-Guzman

ESCAPA POR TU VIDA!

Por: Teresa Cartagena-Guzman

Hoy hubiera estado celebrando 25 años de matrimonio, pero en pocos meses, serán 2 años de haberme alejado de una relación de abuso, de control, de manipulación, intimidación, el siempre correcto, superior y de un completo desprecio por mis sentimientos. Nos conocimos en una iglesia en Nueva York de la que me había hecho miembro. El acababa de venir de su país. Se estaba quedando con su tía que asistía a la misma iglesia que yo. Empezó a visitar la iglesia y los servicios juveniles donde yo era parte del equipo de alabanza y adoración. Un día, tuvimos un picnic en la iglesia y él se acercó y empezó a hablarme. Después de eso, empezamos a salir y a conocernos. Lo que era encantador de él era la forma en que se expresaba. Siempre estaba tan seguro, cariñoso y siempre se mostraba atento a la necesidad de otras personas.

Nueve meses después de estar saliendo y conociéndonos, me dijo de repente: "Creo que sería una buena idea que nos casemos". No había anillo ni reunión romántica de amigos para celebrar nuestro amor. La baja autoestima respondió por mí diciendo: "¡Bien, hagámoslo!" y allí en el tribunal estuvimos dos días después. Mi madre todavía era muy firme en que tuviéramos una boda en la iglesia, así que una semana después, tomé prestado un vestido de una amiga y nos casamos en la iglesia. Nada fuera de lo común, sólo "cosas básicas del matrimonio". Yo una esposa de 26 años que estaba feliz de tener un esposo. Nunca pensé que alguien me pediría que me casara con ellos, así que me alegré de que alguien estuviera interesado en mí. Técnicamente, no me "preguntó", pero sabía que me refería a mis votos y estaba en ello a largo plazo.

Los primeros meses de nuestro matrimonio fueron buenos. La primera vez que noté que algo andaba mal con él fue cuando había planeado que fuéramos a un concierto. Nunca le gustaba la música, pero decidió ir conmigo. Estaba tan emocionada porque este era uno de mis grupos de artistas que realmente amaba. Empezó a pelear conmigo justo antes de salir de la casa. Se molestó porque sentía que este concierto era una pérdida de dinero y tiempo. Esta fue la primera vez que me hizo llorar porque sentía que había desperdiciado su dinero a pesar de que aparentaba el querer ir conmigo. También pensé que sería beneficioso para nuestra relación, pero fue horrible para mí toda la noche. Cuando miro hacia atrás, me di cuenta de que este era el día en que comenzó el patrón negativo de abuso verbal. Cada vez que íbamos a un lugar al que quería ir o hacer algo que quería hacer, él comenzaba una pelea para tratar de arruinar el momento para mí. Cada vez que no se salía con la suya, peleaba. He aguantado esta tontería durante 25 años. No sólo fue abuso emocional y verbal, sino también abuso físico. La primera vez que puso sus manos en mí fue cuando nos habíamos casado reciente. Su madre se había venido a estar con nosotros por unos meses y ella malinterpretó una declaración que hice sobre su hijo. Inmediatamente fue llorando a donde él. Él estaba afuera en el patio trasero y cuando fui a donde él estaba me agarró violentamente por ambos hombros exigiendo una razón por la que había hecho llorar a su madre. Cuando finalmente me quité de su control, corrí dentro de la casa para tratar de llegar al teléfono para llamar a mi amiga para que viniera a recogerme, pero corrió justo después de que yo llegara al teléfono mucho antes de que pudiera agarrarlo.

Tengo tantas historias que podría contarte sobre mi matrimonio con el hombre con el que pensé que estaría para siempre. No necesariamente porque lo amaba, sino porque estaba comprometida a quedarme casada. Hubo algunos buenos momentos, pero no lo suficiente para deleitar. Uno de los momentos más difíciles de nuestro matrimonio fue cuando me enfermé de cáncer en el útero. Mi esposo iba al médico conmigo de vez en cuando para recibir tratamientos. Los tratamientos sólo se suponía que durarían 3 meses, pero quería asegurarme de que el cáncer se había ido para poder darle un bebé a mi esposo. Era hijo único, así que quería asegurarme de que tuviera hijos. Decidí extender el tratamiento por otros 9 meses para asegurarme de que el cáncer se había ido. Recuerdo una vez que tuve el procedimiento de dilatación y raspado (D &

C) en el hospital para que los médicos pudieran revisar mi cuello uterino en busca de células de cáncer. Tuvieron que ponerme bajo anestesia general, así que fue muy doloroso. Al día siguiente fui a trabajar con él como mesera en una fiesta para una familia adinerada. Estaba sangrando tanto hasta que le dije que no iba a poder trabajar en la fiesta. Me dijo: "¡Ya nos comprometimos a ir, así que tienes que ir no hay de otra!" Puse mi vida en riesgo para complacer a este hombre. Desgraciadamente, el cáncer persistió y a los 29 años tuve que tomar unas de mis decisiones más difíciles el tener que someterme a una histerectomía. Mis sueños de ser madre fueron destrozados, fueron derribados, me sentía que ahora tenía menos valor como mujer ya que ni un hijo le pude dar. La recuperación fue lenta y dolorosa y poco a poco entre en una depresión en la cual solo me concentré en mi trabajo y la casa. Estaba enojada con Dios no podía creer que esto me estuviera sucediendo a mi. A Través de las oraciones de mis padres y mi iglesia pude poco a poco regresar a la iglesia y a Dios. Una noche me arrodille en frente de mi cama y le pedí perdón a Dios por haberme concentrado en lo que no tenía y no haberle dado gracias por darme una nueva oportunidad de vida.

Cuando nos mudamos a Texas desde Nueva York, decidimos convertirnos en padres adoptivos a través del Departamento de Servicios de Protección Infantil. Unos años antes de mudarnos, el gobierno aprobó una ley que no permitiría que los niños permanezcan en el sistema toda su vida y saltarán de un hogar de acogida a otro. La ley era que tan pronto como los niños fueran sacados de la casa de sus padres, el tribunal daría a los padres doce meses para cumplir con la corte. Si los padres no cumplían con la corte, el caso de los niños sería transferido a la unidad de adopción dando a los padres adoptivos la oportunidad de adoptar a los niños. Tuvimos dos pares de niñas que vinieron y se quedaron con nosotros como niños adoptivos, pero no estaban para adopción. Un domingo por la tarde, mientras limpiaba el dormitorio de las niñas, comencé a encontrar pequeños zapatos y ropa que habían dejado atrás y comencé a llorar y a hablar con Dios. Le dije: "Dios, ¿por qué esto no sucede qué está pasando? Hemos hecho todo lo que está a nuestro alcance y no ha pasado nada, ¿por qué?" En esos momentos, no podía entender por qué Dios tardaba tanto. El martes siguiente, nuestra trabajadora social llama a la puerta y dice: "Tengo tres hermanitos que su caso va a ser transferido a la unidad de adopción, ¿los quiere? Le dije: "¿Los quiero? Si supieras que estaba clamando a Dios hace dos días preguntándole por qué esto no estaba sucediendo para nosotros. ¡Claro que los quiero! "Esos son mis niños por los cuales he clamado a Dios! mis hijos, los que he estado pidiéndole a Dios por todo este tiempo. Krista tenía 3 años, Alysia tenía 2 años y Nathaniel tenía sólo 7 meses. Entonces entendí por qué Dios se había tardado tanto tiempo. Dios estaba esperando a que mi hijo varón Nathaniel naciera. A veces podemos estar listos para algo que estamos pidiendo, pero la otra parte, el otro lado no está listo todavía. Hay momentos en que parece que no estamos recibiendo una respuesta, pero si esperamos pacientemente y confiamos en Dios, sucederá todo en el tiempo de Dios. Después de tener a los niños en nuestra casa, todavía no podíamos adoptarlos porque sus padres biológicos tenían tres oportunidades de apelar ante el tribunal y cada vez que apelaban, el tribunal denegaba su solicitud. Finalmente, llegó el día en que pudimos adoptar a mis tres hermosos ángeles y mi sueño de convertirme en madre se hizo realidad.

Pensé que, al darle hijos, aunque no fueran de sangre que nuestro matrimonio iba a mejorar pero el abuso emocional, verbal y físico continuó. Recuerdo que otra vez que me atacó físicamente fue cuando se enojó tanto conmigo porque le dije a una amiga suya que habíamos llegado tarde a la iglesia por causa de él. Cuando llegamos a casa, comenzó a gritarme, me agarró y me tiró en el sofá, yo empecé a gritar y llorar y justo antes de que las cosas empeoraran mis hijos entraron en la habitación preguntando qué estaba pasando y él se detuvo. Constantemente me recordaba que no era una buena esposa y que no era una buena madre. El abuso emocional, verbal y físico me hicieron darme cuenta de que no estaba viviendo... Yo sólo existía. Yo era una prisionera en la jaula de mi propia vida. A pesar de que hacía que pareciera que no me estaba controlando, realmente lo estaba haciendo. Por ejemplo, siempre les decía a nuestros amigos y familiares que siempre me daba la libertad de hacer lo que quería hacer. Lo que no sabían nadie era que tan pronto como yo venía de la iglesia, él se peleaba conmigo. Siempre usaba sus crueles palabras para humillarme y hacerme sentir inferior a él. Me decía que yo era gorda, fea, tonta y que no servía para nada. Lo único que era importante para él eran sus necesidades. Su trabajo y socializar con sus amigos era más importante para el que pasar tiempo de calidad con su familia. ¿Conoces a alguien así? Los niños y yo nunca fuimos su prioridad porque él no sentía la necesidad de hacer ninguna actividad o salidas con nosotros. En su mente, ser el proveedor era suficiente. Incluso los momentos en que planeé eventos y viajes para que disfrutáramos en familia o en pareja, para él era sólo una pérdida de tiempo y dinero.

No me siento triste por haberme ido porque fue la mejor decisión que he tomado en mi vida. ¿Por qué dejar mi matrimonio de 25 años parecería la mejor decisión de mi vida? Porque me dio la libertad de ser quien Dios me creó para ser. En esta relación, había perdido todo porque creía en las mentiras de mi esposo. ¡Me decía que yo no era NADIE! El abuso verbal fue tan intenso hasta el punto de que había perdido mi felicidad y, lo que es más importante, mi sonrisa.

Sé que mucha gente ni siquiera entiende por qué tuve que irme, pero tuve que ESCAPAR POR MI VIDA!

Algunos de los miembros de mi familia me preguntaron por qué esperé tanto para irme. ¿Por qué no me di cuenta antes del tipo de hombre con el que me casé? Para ser honesta, me hice la misma pregunta, pero creo que tenía que ver con el hecho de que estaba orando y esperando la intervención divina. Eventualmente, sucedió, Dios intervino pero no como pensé que lo haría. Quería que Dios lo cambiara porque quería desesperadamente que durara mi matrimonio. Quería que mi matrimonio durará porque no quería que la gente me viera como un fracaso. Sentí que la gente diría que era mi culpa, debido a la imagen que siempre pintaba a la gente como el esposo y el padre perfecto. En realidad, no trajo nada bueno a la relación. Honestamente, escogí creer que mi matrimonio iba a ser bueno..."hasta que la muerte nos separé. No quería convertirme en otra estadística. No es que Dios no tuviera el poder de cambiarlo, pero para que el cambio sucediera, mi esposo también necesitaba querer cambiar.

Muchas veces sentado en la oscuridad en mi sala le gritaba a Dios: "¿Por qué!? ¿Por qué me siento tan sola? ¿Por qué me siento abandonada?" ¿Por qué siento que no importo como si fuera sólo un pedazo de basura? Me encontré pensando esa noche, "Si muero, ¿alguien me echará de menos? Nadie dirá que fui esta gran persona o logré esto o aquello, que hice este cambio en la vida de alguien o cambié el mundo de esta manera o de otra. No, no tendrían nada bueno que decir acerca de quién soy". Al menos eso es lo que pensé. Fue un momento extremadamente oscuro en mi vida porque me sentía tan indigna e inadecuada. No me di cuenta hasta más tarde que había estado llevando este sentimiento desde que era una niña. Cuando nací, mi padre quería un niño, un varón y aunque parecía feliz de que yo estuviera sana, seguí creciendo con la sensación de que no me querían. Constantemente me sentía rechazada por mi padre la mayor parte de mi infancia e incluso como adulta. Esta es la primera vez que he emitido estos sentimientos. Es increíble cómo llevamos tantas cosas dentro de nosotros que ni siquiera sabemos que estamos cargando. Lo peor de lo que pasé en mi matrimonio fue que nadie sabía cómo me sentía ni lo que estaba pensando. Ni mi familia, ni mis amigos porque decidí aislarme. No quería que nadie supiera cómo me sentía porque compartir mi dolor era un signo de debilidad. Mi mente había sido contaminada por el hombre que se suponía que me amaría, respetara, atesorara y protegiera. ¿Cómo mi esposo parado ante Dios y nuestros seres queridos, podía declarar una cosa pero tratarme como basura a puerta cerrada? Creía en las mentiras que constantemente me golpeaba en la cabeza. Pensé: "La gente no va a entender por lo que estoy pasando". Sentí que era fácil estar sola y no permitir a nadie dentro de mi situación. Hubo muchas veces a lo largo de nuestro matrimonio, que le hice saber a mi esposo que nuestro matrimonio necesitaba ayuda. Fui a terapia por mí misma durante muchos meses, pero él se negó a venir conmigo. Siempre me dijo que no había nada malo con él, pero que yo era el problema, así que debería ser yo quien fuera a terapia.

Ninguna palabra puede describir adecuadamente los niveles de dolor que he experimentado en mi matrimonio de un cuarto de siglo. Recuerdo una vez que tuve una discusión con él y necesitaba salir de esa casa rápido. Actué como si necesitara hacer un mandado para que mi esposo se quedara en casa. Mientras conducía, mi corazón sentía que iba a explotar en mi pecho. ¡Estaba tan abrumada por la situación que empecé a llorar violentamente! ¡Le grité a Dios…"¿ porque?" estaba tan enojada con él por no arreglar mi matrimonio! ¡Ya había tenido suficiente! Grité: "¡Dios tómalo! ¡Quita esto de mí! ¡Ya no puedo hacer esto! ¿Por qué es tan difícil?!!" Estaba enojada conmigo misma por permitir que este hombre me hiciera sentir como lo peor del mundo. No podía ver mi valor y me sentía inútil porque cuando estás en un lugar oscuro como ese, la oscuridad es todo lo que ves. No veía una salida. ¡No veía cómo podía escapar de este desastre que había permitido que mi vida que fuera! ¿Así será la vida por el resto de mi vida? A medida que envejezco, ¿qué clase de vida puedo esperar tener con este hombre cuando estoy enferma o triste? ¿Cómo puedo continuar en esta relación con un hombre que deja claro que no le importo? ¿Voy a llegar a la vejez y seguir sintiéndome más vacía y sola que si estuviera sola? Le grité a Dios otra vez y le dije que quería hacer SU voluntad. "Dios, incluso si duele, incluso si es difícil, sé que si vas delante de mí me vas a respaldar y yo estaré bien. ¡Dime qué hacer! ¡Dime! ¡Guíame! ¡No voy a dar un paso adelante si no vas tu primero!" Fue entonces cuando me di cuenta de que no quería seguir viviendo la vida que estaba viviendo. ¡Hemos sido llamados a vivir una vida abundante! ¡Abundante hasta que sobreabunde más que suficiente! Debemos vivir una vida espiritual, física, emocional, mental y financieramente satisfactoria para esto fue que Jesucristo murió en la cruz por nosotros.

Durante muchos años pensé en lo que mi familia y amigos pensarían si me divorciara. Pero llega un momento en la vida de todos, en el que tienes que pensar en tu bienestar y en el bienestar de tus hijos. Pensé en mis hijos y me pregunté: ¿Cómo puedo hacer esto a mis hijos? ¿Cómo puedo dejarlos sin padre? Pero después de reflexionar sobre mi situación...en realidad ¿Qué estaban viendo mis hijos? ¿Qué estaban aprendiendo acerca de cómo debería ser un matrimonio? ¿Cómo podría hablar con mis hijas y mi hijo acerca de un matrimonio amoroso y respetuoso, cuando estaban presenciando todo lo contrario? ¿Cómo van a ser sus relaciones futuras? ¿Y si aprendieran que está bien ser menospreciados, irrespetados y abusados? Dios no creó a la mujer para ser abusada, para ser maltratadas, o para ser tomadas por hecho. Nos creó para ser amadas, respetadas y apreciadas. Nos creó para florecer, para ser poderosas, para inspirar, para alentar y para brillar más que las joyas más preciosas.

Cuando me miraba en el espejo sólo veía fealdad, asco y espanto. Estaba convencida de que mi vida no tenía un propósito porque era un completo desperdicio de un ser humano. Los malos pensamientos parecían penetrar en mi mente sin parar y la única opción que pensé que tenía era el suicidio. Los susurros malignos me recordaban casi todos los días: "Nadie te extraña. A nadie le importas. Tu vida no vale nada". La Encuesta Nacional de Consumo de Drogas y Salud Mental de 2016, se estima que 0.5 por ciento de los adultos de 18 años o más hicieron al menos un intento de suicidio. Esto se traduce en aproximadamente 1.3 millones de adultos. Y esto sin contar los adolescentes más jóvenes. Este es un número alarmante de personas siendo atacadas por patrones de pensamiento malvados y viciosos en sus mentes. La mente es donde todo comienza. Este es el campo de batalla del diablo. Yo me encontraba en una relación tóxica y ese era el plan del diablo para empezar a dominar mi mente y ejecutar su plan.

Una noche, estaba en un lugar extremadamente oscuro llorando histéricamente. Mi corazón había sido aplastado en un millón de pedazos, así que le dije a Dios que ya no podía seguir con la vida. No tenía más fuerzas para seguir luchando. En ese momento, mi hermana Lucy me envía un mensaje y me dice que escuche esta canción de Lauren Daigle llamada "Peace Be Still" (Estad Quieta Paz). Esta canción habló directamente a mi alma. Empecé a gritar permitiendo que mi corazón cantara la letra. No importaba lo que había a mi alrededor sólo necesitaba confiar en Dios y escuchar Su voz. Inmediatamente, comencé a sentirme lo suficientemente fuerte como para enfrentarme valientemente a la tormenta del divorcio. Al final de esa canción, sentí una oleada de energía fluyendo a través de mí como nunca antes y sabía que podía conquistar cualquier cosa que la vida pusiera en mi camino.

Tenía tanto miedo de solicitar el divorcio porque siempre me decían, "Dios odia el divorcio", lo cual es cierto, pero Dios NUNCA diseñó para mí ni para ninguna otra mujer de permanecer en una relación de menosprecio y maltrato con hombres narcisistas abusivo. Tenía que salir de ahí. Tenía miedo porque no sabía cómo iba a salir del lío en el que estaba. Sabía que ya no podía permanecer en cautiverio. ¡Dios preparó mi corazón para la batalla que estaba a punto de enfrentar y yo estaba lista! Tomar la decisión de salir de esta relación emocionalmente dañina y espiritualmente rota fue difícil, pero tuve que hacerlo. Tuve que escapar a la nueva vida ya preparada para mí. ¡Dios comenzó a usar predicadores e incluso mi consejera Dios me hablaba que era hora de ESCAPAR! Mis ojos empezaron a abrirse y a ver mi dura realidad, pero finalmente vi que había una manera de salir de mi situación. Mi esposo acababa de regresar de su ciudad natal y fui a recogerlo al aeropuerto yo sola. Fuimos a comer a un restaurante buffet chino y le dije que tan pronto lo inquilinos de nuestra casa de alquiler se fueran, me iba a mudar allí con los niños. El rápido se alteró y esa fue la razón por la cual lo hice en un lugar público para que no se descontrolara me Dijo: "¿Estás loca? ¿Por qué vas a hacer eso?" Traté de explicárselo, pero él estaba muy alterado y me interrumpió lo que quería decir. Le dije que mi decisión estaba tomada y que no iba a cambiar mi decisión. Esto sucedió un miércoles por la noche. Habíamos estado durmiendo en habitaciones separadas por un tiempo. Esa noche estaba llorando y pensando en todo, cuando escuché la voz fuerte de Dios que me dijo: "¡ESCAPA POR TU VIDA"! A la mañana siguiente, después de que el se fue a trabajar, llamé a mi hermana María y le dije lo que Dios dijo. Le dije: "¡Tengo que salir de aquí!" Ella me dijo, "Estaré allí para ayudarte". Ella vino y pusimos a los niños en la sala de juegos para ver una película y ambas empezamos a empacar mi ropa y la de mis niños. Empacamos todo en nuestras dos minivans y comenzamos a traer todo a la casa de mi hermana. Antes de irme, le escribí una nota a él diciendo: "Los niños y yo estamos bien, no nos busques, necesito que me des tiempo." Reservé una habitación de hotel para el fin de semana en la siguiente ciudad. Quería hablar con los niños y explicarles lo que estaba a punto de suceder. Después de divertirse en la piscina del hotel, me senté con mis niños en la cama y les dije las noticias de la mejor manera que pude. Ellos reaccionaron mejor de lo que yo esperaba. A mi hija mayor le preocupaba que ahora alguien más se enamorara de mí. Le aseguré que iba a ser sólo nosotros por ahora. Mi hija menor estaba preocupada porque yo los regalara, pero le aseguré que significaban todo el mundo para mí y que no iban a ninguna parte que siempre estarían con mamá. Mi hijo dijo, "Mamá, sé que a veces es mejor que los padres se separen porque son mejores mamá y papá cuando no están juntos". Después de arroparlos en la cama, agradecí a Dios por la resiliencia y la fe infantil que presencié en mis hijos. Mis niños sabían que no había afecto entre mi esposo y yo, muchas veces, nos pedían que nos besáramos o nos abrazáramos. Lo hacíamos sólo para complacerlos a ellos todo el tiempo, escondiendo lo que realmente estaba pasando. A pesar de nuestros esfuerzos por ocultar nuestros verdaderos sentimientos, me di cuenta de que mis hijos son inteligentes y se dieron cuenta de todo. Algunos de ustedes pueden estar preguntando, ¿Cómo fueron capaces de adoptar cuando estaban en una relación tan abusiva? Primero, pensé que al tener lo niños el cambiaría su forma de ser. Segundo la verdad es que mi esposo siempre ha sido un hombre que le importa su reputación y lo que la gente piense de él entonces, aprendí a actuar junto con él. El hacia todo lo que estaba en su poder para impresionar a cualquiera con quien entraba en contacto y la gente siempre lo amó porque no conocían quien realmente él era. Los Servicios de Protección Infantil pensaban que éramos la pareja perfecta porque ese era el cuadro que siempre pintamos y mostramos en público. No tenían ni idea del dolor que sufrí a puerta cerrada. Nunca abusó de mis niños ellos no fueron involucraron en ningún abuso ni maltrato, pero si era abrumadoramente narcisista. Mi objetivo era asegurarme de que mis hijos estuvieran a salvo y se sintieran amados. Sabía que, si estaban bien, yo también estaría bien.

Muchas veces durante el matrimonio, mi esposo me dijo que no era una madre lo suficientemente buena. Después de que me fui, en muchas ocasiones me amenazó con quitarme a mis hijos. Me hizo creer que era una madre no apta porque no tenía trabajo fuera de casa y también declaró que nunca sería capaz de mantener a mis niños yo sola. Tenía miedo de que tuviera éxito en llevarse a los niños, sólo por el hecho de que él tenía dinero y yo no. A pesar de las malas intenciones, se me concedió la custodia compartida y Dios sigue proveyendo a mí y a mis hijos todos los días. Pero comencé a cuidar niños desde mi hogar para poder mantenerme a mí y a mis hijos. Ahora soy la propietaria de un hogar de cuido para niños (Day Care) y estoy más feliz de lo que jamás había podido sentir.

¿Dejar mi matrimonio de 25 años fue la decisión más difícil que he tomado? ¡Sí! Fue la más difícil porque después de alejarme de esta relación fue cuando la guerra realmente comenzó. Primero, tomó todo el dinero de nuestras cuentas bancarias dejándome sin dinero. Segundo, me dejó una increíble cantidad de deudas con tarjetas de crédito. Cuando nos casamos, él era un extranjero ilegal no tenía ningún crédito establecido. Yo era la que tenía crédito, así que casi todas las tarjetas de crédito estaban a mi nombre. Incluso después de dividir todo en el divorcio, todavía me quedé sin poder pagar toda mi deuda. Por primera vez en mi vida, mi crédito fue completamente destruido. Esto me hizo sentir frustrada, impotente y atascada porque en toda mi vida siempre fui capaz de manejar nuestras finanzas y mantener nuestras deudas al mínimo. Pero cuando el decidió iniciar su propio negocio fue cuando se descontroló comprando herramientas y materiales para mantenerse al día con la demanda. Yo estaba haciendo toda la contabilidad para el negocio y trate de hacerle consciente de nuestra situación financiera hasta el punto de que estábamos comprando comestibles con nuestras tarjetas de crédito porque no había suficiente dinero para cubrir nuestros gastos. Su respuesta fue: "No te preocupes, todo va a estar bien".

Pero Dios en su misericordia comenzó a hablar y a indicarme que a donde el me quería llevar requería enfoque y obediencia. Nuestro destino requiere la energía para concentrarse. Si algo está roto en tu vida que no se puede arreglar, deshazte de él y tíralo. Eso incluye esas relaciones tóxicas en nuestras vidas. No pongamos más energía en algo que no está funcionando. ¡ESCAPA POR TU VIDA! No se puede tener una vasija rota esperando que el agua no se pierda por las roturas cuando algo no funciona en tu vida que no está trayendo bendición y está ocupando espacio es tiempo de tomar una decisión. Si te vas a sentir sola, es mejor estar sola y tener la paz de Dios que estar con alguien en medio de una tormenta que no termina. Dios se asegurará de que toda tu vida esté alineada con lo que tiene para ti. ¡ESCAPA POR TU VIDA! Todo lo que has perdido o crees que perderás te será restaurado. Dios proporcionará los recursos financieros que necesitas, Dios es Jehová Jireh tu proveedor no sólo para vivir, ¡sino para PROSPERAR en todo! Las fuerzas están llegando a ti en estos momentos y tus oraciones están siendo contestadas. Estás a salvo, protegida y la paz es tuya porque eres amada.

Algunas de ustedes pueden sentir que están completamente fuera de su elemento para hacer algo que nunca han hecho antes. Pero, las animo a ver su singularidad como una respuesta no como un problema de lo contrario, te quedarás en la prisión en la que te encuentras. ¡¡¡Cuando tomes este paso de fe vas a ESCAPAR y NUNCA MAS MIRA ATRÁS!!!

Por fin, soy feliz de nuevo. Mi sonrisa ha regresado a mi rostro; Soy fuerte, valiente, cariñosa, independiente, amorosa, humilde, alegre, apasionada, y la mujer que Dios me creó para ser y ya un poco más sabia. Me he transformado porque ahora conozco mi valor como mujer, hija, madre, amiga e hija de Dios. No es hasta que verdaderamente conocemos quienes somos en Dios es que podemos empezar a valorarnos y caminar con nuestra cabeza en alto. Dios te ama, eres la niña de sus ojos pídele a él que te enseñe quien tu eres en él. Desde que me libero de esta relación tóxica, ahora puedo decirle a otras mujeres que han pasado o que están pasando por situaciones similares que tu si puedes porque Dios va delante de ti y el te sostendrá. ESCAPA POR TU VIDA!

NO ESTÁS SOLO

CUANDO EL ALMA LLORA fue cuidadosamente diseñado para mujeres que han experimentado traumas desde la infancia hasta la edad adulta. También hemos creado esta comunidad de narradores para relacionarse con un alma hermosa como tú, celebrando la realidad de que NO ESTÁS SOLA.

¿Pudiste identificarte con alguna de las mujeres en este libro? ¿Qué sabes sobre ti ahora que no sabías antes? ¿Qué verdad finalmente puedes admitir después de involucrarte con las historias? El trauma que soportaron estos intrépidos narradores es desgarrador, y la cantidad de lágrimas que han llorado es inconmensurable. La dimensión de triunfo en la que están caminando ahora se puede obtener para cualquier mujer que busque libertad en su espíritu, mente, cuerpo y alma. Como ha experimentado a través de estas páginas, estas mujeres han conquistado circunstancias devastadoras que podrían haberles costado la vida. En lugar de recostarse en la derrota, decidieron superar el dolor y adoptar la sanidad junto con la responsabilidad a través del arte de contar historias.

¿Qué nos enseñó cada Narrador? Lea el resumen de cada historia a continuación y luego reflexione sobre la pregunta.

Mensaje central: La historia de Dra. María Santiago nos enseña que nuestras experiencias nos configuran en los adultos y en cómo vemos las relaciones. También nos advirtió de cómo los vacíos de la infancia pueden llevarnos a buscar la realización en todos los lugares equivocados, haciendo que nuestras vidas se descontrolen.

Reflexión: *¿A qué situaciones traumáticas todavía te estás aferrando que necesitas dejar?*

Mensaje central: ¡La historia de Selina Bauer nos ayuda a celebrar la noción de que realmente puedes tener un final de cuento de hadas! Si bien su historia comenzó tumultuosa, tomó posesión de sus errores e hizo los ajustes mientras esperaba vivir una vida plena y encontrar un amor duradero.

Reflexión: *¿Está tu alma abierta para recibir tu final de cuento de hadas?*

Mensaje central: La historia de Wilma Rodríguez nos enseñó que el autodescubrimiento es crucial para el alma de una mujer. No te dejes engañar por mentiras ni te conviertas en la víctima de alguien. No pierdas tu valor ni permitas que nadie interrumpa tu paz.

Reflexión: *¿De qué maneras has permitido que otros interrumpan tu paz?*

Mensaje central: La historia de Carmen Hernández nos

enseñó que solo porque estés pasando por un divorcio o una transición en tu relación, no significa que estés derrotado. Hasta que estés dispuesto a levantarte, ningún hombre, mujer o niño puede reconstruirlo. Aunque otros puedan haberte dejado roto, tu sanidad depende de ti.

Reflexión: *¿Cómo estás ayudando a otras mujeres a crecer diciendo tu verdad?*

Mensaje central: La narrativa de Teresa expuso la verdad de que el matrimonio nunca debe ser idolatrado hasta el punto de aceptar el maltrato continuo de alguien. Nunca sacrifiques tu alma solo para decir que estás casado mientras eres miserable a puerta cerrada.

Reflexión: *¿Eres miserable en tu matrimonio o relación y te falta el coraje para marcharte?*
   Más preguntas para pensar...

¿De qué maneras has escondido tus verdaderos sentimientos de aquellos que amas?
_____
_____

¿De qué tres maneras puedes amarte a ti mismo en un nivel más profundo?
_____
_____

¿Qué patrones debes dejar de repetir para tener éxito en tus relaciones románticas?

_____

_____

¿Cómo has permitido que tu alma se contamine con relaciones tóxicas?

_____

_____

¿Cómo estás ayudando a otras mujeres a crecer diciendo tu verdad?

_____

_____

WOW ... ¡Qué viaje!
Durante los próximos 21 días, deja que tu alma llore. Use las preguntas de arriba como instrucciones para su diario para ayudar a su alma a navegar a un lugar de sanidad de una vez por todas. A medida que se involucra con las preguntas, puede sentir ganas de llorar, puede sentir enojo o incluso vergüenza. Los sentimientos son químicos y eventualmente desaparecerán, pero debes permitirte atravesar el dolor. Una vez que termine este viaje de abordar adecuadamente el dolor, nunca tendrá que volver a visitarlo. Ya no tienes que avergonzarte de tus errores pasados. Ya no tienes que

ensayar el dolor. Si tus padres te abandonaron o tu alma gemela te traicionó, tu alma tiene derecho a la libertad de una vez por todas. Debemos cuidar mejor nuestras almas o moriremos en nuestro trauma y nos ahogaremos en nuestras lágrimas. Sigamos triunfando sobre nuestro dolor pasado y convirtiéndonos en las mujeres valientes para las que estábamos perfectamente diseñadas.

CONOZCA - THE FEARLESS STORYTELLERS

DRA. MARIA SANTIAGO, *Autora de* "*LA PESADILLA DIARIA*"

La Dra. María Santiago es esposa, madre de dos maravillosos hijos y abuela de 3 hermosos niños. Ella nació en Aguadilla Puerto Rico pero se crió en Bridgeport Connecticut. Desde la infancia, el diablo trató de destruir su vida a través del abuso sexual y el abuso conyugal, afectando su autoestima. Después de mucha oración, esta guerrera intrépida utilizó el perdón como su camino hacia la sanidad. Hoy está sana, íntegra y libre.

SELINA BAUER, **Autora de**
"NO TODO ES COMO PARECE"

Selina Diane Bauer esposa militar y madre de dos hijas pequeñas. Nativa de Long Branch, Nueva Jersey, y creció en Long Island, NY, reside en Texas. Ella es una defensora de la violencia domésticas. Persigue muy diligentemente una de sus metas de llegar a ser Doctora en Pediatría. Únete a Selina y al movimiento de Fearless Story Tellers en Español con la fundadora Adrienne E. Bell y muchas mujeres que comparten del dolor y trauma al triunfo de sus relaciones pasadas.

WILMA RODRIGUEZ, Autora de
"LA MAÑANA SIGUIENTE"

Wilma Rodriguez nació en Puerto Rico y esta felizmente casada con un hombre de Dios. Reside en Oklahoma y es enfermera especializada en pediatría. En los ùltimos tres años, Dios le ha dado la bendición de proveer tratamiento a los niños con cancer.

CARMEN HERNÁNDEZ, Autora de
"CUANDO EL AMOR NO ES CORRESPONDIDO"

Carmen Hernández, Nació en Santurce, Puerto Rico actualmente reside en Killeen, Texas desde el año 1998. Madre, esposa y abuela de seis hermosos nietos que son la alegría de su vida. Miembro activo De la Iglesia Destiny en español. De una manera honesta y sencilla escribe sobre su mayor reto, su matrimonio. Con el tiempo descubrió su resiliencia y fuerza para seguir caminando de la mano De Dios. Descubriras que en medio de tantas adversidades pudo alcanzar sus mayores metas.

TERESA CARTAGENA-GUZMAN, Autora de **"ESCAPADA POR TU VIDA!"**

Teresa Cartagena, madre soltera de tres hermosos hijos, nació en Puerto Rico. Después de alejarse de 24 años de matrimonio con nada más que la ropa de ella y de sus hijos, descubrió lo que se necesita para pararse en medio de la tormenta, mirar las olas y decir: "Estad quieta". Ella ha llegado a conocer su valor como mujer e hija de Dios. Ella ha experimentado la libertad y la paz que solo proviene de obedecer la Palabra de Dios y tomar medidas, incluso aún cuando nadie más lo entiende.

ÚNETE AL MOVIMIENTO DE LAS NARRADORAS SIN MIEDO

Adrienne E. Bell es la fundadora de The Fearless Storytellers Movement, especializada en ayudar a las mujeres a quitar el bozal proverbial y contar su historia a su manera. Como solucionadora de problemas y narradora de historias que cambia la cultura, el propósito único de Adrienne es capacitar a la humanidad para alcanzar la excelencia en los negocios, el amor y la vida.

Tienes una historia que contar? ¡A los intrépidos narradores les encantaría asociarse con usted para compartir su historia de triunfo! Estamos en busca de narradores intrépidos sin miedo a invertir su tiempo, talento, tesoro y testimonio en este movimiento. Estamos buscando personas que hayan sufrido el dolor y estén listas para compartir cómo han superado la tragedia en las siguientes áreas:

- abuso o violación
- siendo un producto de violación (padre es conocido or desconocido)
- siendo producto de Incesto
- se ha casado tres o más veces
- ha luchado y superado la infertilidad
- fue o esta Casado con un hombre/mujer en el ministerio y fue traicionado con un miembro de la iglesia
- en relaciones con lesbiana/homosexual/bisexual antes del matrimonio heterosexual
- eran swingers (personal que se envuelve en el intercambio de cónyuge sexualmente)
- eran líderes de ministerio o pastores y traicionaron a su esposo/esposa
- están o han criado al hijo/a de su esposo/esposa como si fuera suyo
- estaban en matrimonios sin sexo (esposo es impotente or la esposa no tiene deseo de tener relaciones íntimas.
- esposo violó o abuso sexualmente a su hijo/a biológica o familiar

Todos los días, las personas se unen al Movimiento de narradores sin miedo. Si tú o alguien que conoces quisieras convertirte en un narrador oficial sin miedo, envía un correo electrónico a fearlessstorytellers@gmail.com y cuéntanos tu historia. Ya sea soltera, casada, divorciada, separada o viuda, ¡al Movimiento de Narradores sin Miedo le ENCANTARÍA asociarse con usted! (¡Los hombres también son bienvenidos!) Si su experiencia no figura en la lista anterior, está perfectamente bien; Todavía nos encantaría escuchar su historia para su consideración en una edición posterior.

El bozal ha sido removido ... **¡QUE CONTINÚEN LAS NARRACIONES SIN MIEDO!**

www.ingramcontent.com/pod-product-compliance
Lightning Source LLC
Chambersburg PA
CBHW050644160426
43194CB00010B/1809